アマチュア論。

勢古浩爾 著

ミシマ社

はじめに

「プロ」の怠惰で軽率で無責任な行動に対して、しばしば投げつけられる言葉がある。スポーツプロだけではなく、職業プロやビジネスプロに対しても同様である。いわく。「プロ意識が欠如している」「プロ根性がなっとらん」。そして最後にはおきまりの「それでもプロか！　金返せ」。

もちろん、それはそれでかまわない。気持ちはわかる。だが、本書はちがう。このようにいいたいのだ。怠惰で軽率で無責任な「プロ」に欠けているのは、「プロ意識」でも「プロ根性」でもない。「アマチュア精神」である、と。

ア、アマチュア精神？　またえらい骨董品を持ち出してきたものだな、と思わないでいただきたい。なんと青臭いことを、と嗤《わら》わないでいただけたら幸いである。

アマチュア精神とはなにか。「プロ」は金をもらわないと指一本動かさない。金を一円ももらわずに洟《はな》たれの子どもをあずかる保育園はない。しかし、親は一円ももらわずに子どもを育てる。高校球児は一円の得にもならないのに甲子園を目指す。献身というと大げさだが、この無償の努力がアマチュア精神の基本である。

かれらに報酬があるとするなら、それは子どもが育つ「喜び」であり、協働の「喜び」であり、自分が成長する「喜び」である。母親の家事労働は金に換算すると月給二十数万円に値する、などなんの意味もない。家事労働を含む親業はプライスレス、換算不能に決まっているではないか。

会社員は自分が「プロ」だと意識することはないだろうが、その仕事で報酬を得ているという意味では全員が「プロ」である。しかし、こんな安月給でやってられるか、オレは給料分しか働かないんだ、というのは「プロ」の風上にも置けない。かれに欠けているのは「プロ意識」ではない。金のためではなく、使命感や責任感や向上心のために挺身する「アマチュア精神」である（むろんサービス残業を強いたり、安月給で従業員を長時間労働でこき使う経営者は論外）。

「プロ」に関して、わたしにはひとつの疑問がある。「プロ」というと、かならずその条件として責任感、判断力、倫理観、理性、規律、論理的思考、卓越した能力などが挙げられる。これがばかばかしいのだ。では「プロ」でない素人はだめか。テキトーで優柔不断で感情的でふしだらで無能なのか。なにを考えても二流、なにをやっても半人前の人間か。

そんなことあるはずがない。懸命に考え、安月給に耐えて仕事をし、それなりに責任感を持ち、人生を精一杯誠実に生きようとしているではないか。「プロ」の条件といわれる属性は、すべての人間が目指し備えるべき属性なのである。もちろん、にっちもさっちもいかない素人やド素人はゴマンといる。けれど「プロ」とは呼ばれなくても、仕事や人間関係や人生に対してつねにまっとうであろうとするひとはいる。そのようなひとをわたしは人間としての「アマチュア」と呼ぶ。「プロ」になれなかった者の僻《ひが》みではない。もっと積極的な意味における「アマチュア」である。

一流の「プロ」は、かならず見事な「アマチュア精神」を持っている。逆にいえば、見事な「アマチュア精神」を持っていない「プロ」は、どんなに頭脳優秀であっても、どんなに卓越したスキルを持っていても、二流である。人間としてはズブの素人である。

職業としての一流の「プロ」を目指すのは当然である。けれど残念なことに、だれもがみんな「プロ」になれるわけではない。それに「プロ」といえども、かれらは仕事を離れたプライベートの場面でも「プロ」であるわけではない。つまり一日二十四時間、一年三百六十五日、全生活時間において「プロ」であるわけではない。社長としては合格でも、親や夫や男として失格だったら元も子もない。

さらに、「プロ」は生まれたときから「プロ」だったわけではない。学生時代はただの学生である。仕事を辞めたあとも、老人になっても、「プロ」でありつづけるわけではない。つまり「プロ」は全生涯を通して「プロ」であるわけではない。それに比べると、「アマチュア」

とは全生活時間、全生涯における「アマチュア」である。仕事では誠実かつ謙虚、しかし私生活では不実かつ傲慢でいい、なんてことはないのである。

「プロ」という言葉や存在にはたしかに呪力《じゅりょく》がある。「アマチュア」という言葉や存在は耳目《じもく》を引きつけない。地味である。讃嘆されることも少ない。わたしたちは本物の「プロ」に対しては素直に称讃すればよい。だが、いたずらに「プロ」という言葉や存在に恐れ入る必要はまったくない。「アマチュア」は自らのなすべきことを精一杯なせばいい。たとえ一流の「プロ」にはなれなくても、より良き「アマチュア」を目指し、「アマチュア」として堂々と生きていけばいい。自称「プロ」や似非《えせ》「プロ」はゴマンといるが、「アマチュア」は本物ばかりである。なにも恥じることはない。「アマチュア」は下手な「プロ」を優に凌《しの》ぐのである。

アマチュア論。目次

3 こんな「プロ」はいらない

6　これが負けないアマチュア的思考

7 アマチュアは人間のゼネラリストである

装丁 尾原史和(SOUP DESIGN)

1

みんな「プロ」になりたい？

自称プロと真のプロフェッショナル

世は静かな「プロ」ブームである。『プロフェッショナル原論』という本がベストセラーになる。『プロ論。』『ザ・プロフェッショナル』『プロフェッショナル進化論』という本もでた。「プロの〜」と銘打っていなくても、「できる」「使える」という言葉を冠した本や、多くのビジネス本、論理的思考法の本なども また、「プロ」志向の潮流に乗っているといっていい。

テレビではNHKの、世のお父さんたちの感涙を誘った「プロジェクトX」(これは集団のプロ)につづいて、「プロフェッショナル　仕事の流儀」(個人のプロ)が毎週放映されている。「情熱大陸」「夢の扉。NEXT　DOOR」(いずれもTBS)、「日経スペシャル。ガイアの夜明け」(テレビ東京)といった番組もまた同趣向の番組である。企業紹介の番組も数多く作られ、「プロの集団」「精鋭のプロ」という形容が殊更に強調される。

なぜ「プロ」ブームなのか。ビジネスの分野でなら、原因ははっきりしている。経済のグローバリズム化である。その結果、国際経済競争が激化し、国内経済では生産現場が空洞化した。その大波が大中小零細企業にまで波紋のように広がり、かつては日本経済の美質とまで称揚された年功序列と終身雇用が衰退・破綻したのである。かわりに台頭してきたのが、愛想もクソもない実力主義と成果主義である。

個人は組織内での自らのサバイバルをかけて「プロ」社員を目指す。会社は国際競争力や同業他社に勝ち抜くために、「即戦力」となる「プロ」社員を必要としている。いまや個人も会社も弱肉強食である。この要請に応えられない旧人はつねにリストラの対象であるが、ただ実力主義や成果主義がほんとうに機能しているのかどうかは疑わしい。「グローバリズム」というお題目を目にした会社があわてふためいて、ただ右往左往しているだけのように見えなくもないからである。

と、柄にもなくもっともらしいことを書いているが、このへん大丈夫か。とりあえず大過なし、ということにしておいて次に進むが、しかし、「プロ」はいいことばかりではない。静かな「プロ」ブームの反面、「プロ」の資質が社会問題化している。「プロ」の劣化であり、堕落であり、凋落《ちょうらく》である。

国会議員の不用意発言や政治資金問題、県知事の汚職、役人の無駄遣いと無責任、公務員の裏金や既得権益、食品会社の杜撰《ずさん》な生産管理、保険会社の保険金未払い、建築士のデータ捏造《ねつぞう》、自衛官の情報漏洩、警察官の犯罪、ワイセツ教師などなど、それぞれその道の「プロ」でなければならない職業（そもそも職業人はすべてプロなのだが）で、「プロ」失格ともいうべき事態が頻出しているのだ。宮崎県知事に東国原《ひがしこくばる》英夫氏が当選したのは、そのような「プロ」の政治家に選挙民が嫌気がさした結果だといってもいい。ようするに、「プロ」を僭称《せんしょう》している自称他称の似非《えせ》プロたちがプロの世界を跋扈《ばっこ》していて、その化けの皮があちこちでボロボロと剝がれているのである。

このような似非「プロ」と自らを区別するために、あるいはプロ中のプロを自任するために、冒頭で示したような「プロフェッショナル」という呼称が使われ始めた、という気がする。経営コンサルタントの波頭亮《はとうりょう》氏の『プロフェッショナル原論』は優れた本だが、波頭氏にもまた「プロ」という軽薄な呼称を忌避し、「プロフェッショナル」を以て任ずるという意識があきらかにあると思われる。

実際、「プロ」という言葉はインフレ気味である。あまりにも多用されたために、いまや軽薄の代名詞のようでもある（たしかに「プロ」という言葉はインチキくさいのだ）。テレビは「セレブ」や「カリスマ」とおなじ次元で「プロ」という言葉をやたらと使いたがる。特権的な人間を取り上げて、それを羨望嫉視《しっし》する庶民の興味を引こうとするのである。通販番組は安易に「プロが選んだ○○」「プロが教える○○」「プロも愛用」という文句を商品の権威づけに利用する。そして、それがまたけっこう効果があるようなのだ。

そんな風潮と相まって、技術も経験も実力も責任感もないくせに、ただ「プロ」という呼称に酔いたいのか、その特権性に胡坐《あぐら》をかきたいのか、それとも商売で素人をだまくらかしたいだけなのか、自称他称の「プロ」たちがうじゃうじゃ出現しているのである（スポーツ選手はべつである。自称プロスポーツ選手など存在しない）。テレビで見たのだが、耳かき商売なるものがある。「癒される」と三十代、四十代の男女に人気らしいのだが、それについて『日経トレンディ』の編集長が「プロの手できれいにしてもらえるから」と評しているのを聞いてびっくりした。プロの耳カキストかよ！

格言1　自称プロにろくなプロなし。安易な他称のプロにもろくなプロはなし。

手垢にまみれたプロは凋落する

どんな世界にもプロとアマチュアがいる。パチプロもプロである。北尾トロの『危ないお仕事！』『怪しいお仕事！』（いずれも新潮文庫）には、「万引きバスター」「興信所」「超能力開発セミナー講師」「ダッチワイフ製造業者」「新聞拡張団」「競馬の予想屋」「カギ師」などなど、その道の「プロ」の生態が描かれている。AV女優に精液をぶっかける「汁男優」なんてのが存在することも知って、いやあ勉強になった。なんの勉強かは知らないが、いや世間は広い。

細かくいえば、プロとアマチュアの間にはセミプロがいて、アマチュアの下には膨大な数の素人が存在する。この、プロ―セミプロ―アマチュア―素人はピラミッド型になっていて、当然、実力と世評と報酬額の序列を意味している。野球にたとえるなら、それぞれプロ野球、企業野球、学生野球、草野球（ただし、なかには優れたアマチュアがいるときもある）、ということになるが、キャッチボールもできないひとは、失礼ながら草野球の下のズブの素人ということになる。

野球にたとえるならと書いたが、このようにしっかりとした明確な構造（制度）を持っているのは、スポーツの世界と見習い制度がある職人の世界だけかもしれない。あとは将棋や相撲？　医者や学者の世界もそうか。意外と少ないのだ。

そもそも「プロ」という言葉は、日本では主としてスポーツの世界で使われてきた言葉である（プロ野球、プロレス、プロボクシング、プロゴルフ）。プロ教師やプロ弁護士、プロの職人、プロの料理人、プロの編集者といった形容などあるはずもなかった。教師、弁護士、職人、料理人、編集者といえば当然、プロに決まっていたのである。もちろん、ビジネスの世界にも「プロ」という言葉はなかった。あらゆる分野で殊更に「プロ」という言葉が強調されるようになったのが現在だ。「プロ親」を提唱するひとまでいる。

スポーツの世界では、アマチュアはあくまでもプロ予備軍としか見なされていない。当然である（なかにはプロ志向ではないアマチュアもいるが）。では、ビジネスの世界ではどうなのか。そこに明確なアマチュアなど存在しないが、しいていえば入社数年の新人がそれに該当するといえようか。とはいえ、入社五年以上たっても、いまだにアマチュアみたいな者も少なくない。明確な線引きは無理なのである。

けれども、入社数年の新人がアマチュア君として大目に見てもらえるのは、あくまでも組織内だけである。「申し訳ございません。なにしろまだ入社したての者でして」という弁解は顧客には通用しない。新人個人の責任は不問に付してもらえるかもしれないが、かれを担当に任命した組織としての責任は逃れられるものではない。「かならず、わたくしどもで社としてきちんと対応させていただきますから」という保証は必須である。組織は当然、プロの集団と見なされているからである。

とりあえず、「プロ」の条件を以下のようにあっさりと定義してみる。

(1)職業にしていること(その仕事で報酬を得ている)

(2)人並外れた卓越した技量(知識を含む)を持っていること

ふつうにプロといえば、わたしたちはまず(2)の条件を満たした者を思い浮かべる。スポーツ、職人、芸術家といった技能プロである。土木技師、パイロット、音楽家などがそうであり、神の手を持つといわれる医師などもそうである。あるいは博覧強記の圧倒的な知識を持つ学者である。かれらが、素人には及びもつかない超人的な技量や知識を持っているから、わたしたちは感嘆し憧憬し信頼するのである。

そのあとに(1)がくる。卓抜した技能があっても、それを職業にしていない場合、「プロ級」とか「玄人《くろうと》はだし」と呼ばれるだけである。女子フィギュアスケートの荒川静香選手がアマチュアを引退して、プロスケーターとして出発した。プロになったからといって、途端に技量が格段に上がったわけではないのである。アマチュア将棋の瀬川晶司《しょうじ》氏がプロ棋士になったが、それもおなじケースである。どんなに実力があっても、それを職業にしていないかぎりプロとは見なされないのである。

それゆえ(1)の条件に照らすなら、すべての職業人はプロということになる。すなわち、会社員はその業務のプロである。すべての役人は行政のプロである。すべての飲食店は料理のプロである。漁師も農民も酒屋も八百屋も工場労働者も僧侶も書店員も芸人もタクシーの運転手も全員がプロである。かれらはあまりにも数が多すぎてプロと呼ばれることはまずないが、それでもその仕事で報酬を得ているかぎりプロである（もしくは、プロでなければならない）。ようするに、世の中はプロだらけなのだ。

プロ転向によって、なにがちがうことになるのか。その職業で収入を得ることによって、アマチュアとはちがう責任とリスクが生じる。それゆえプロになったとたんに、つねにいわれる恐れのある言葉がある。「責任をとれ」である。返ってきたためしはないが、「金返せ」である。それが（1）の意味である。

その仕事で報酬を得るとなると、当然、対価を支払う責任が生じる。それに見合うだけの技量（信頼性）である。もちろんほとんどの場合、それは果たされているというべきであろう。でなければ社会が成立しない。そうでなければ社会における相互信頼性が崩壊する。「さすがプロ」で世の中は成立している。（1）と（2）は相互不可分なのだ。

けれども、ここが問題である。「さすがプロ」どころか、「それでもプロか恥を知れ」「そんなんでよく金をとっているな」、といいたくなるような「プロ失格」の職業人があらゆる分野で激増しているのである。（1）と（2）の乖離《かいり》どころか、（1）だけなのだ。顧客二の次で、なんのやる気もない会社員。次から次へと多発する企業の不祥事。社会保険庁をはじめとする無責任な役人。ミスを隠蔽する医者。おまえは素人か、いや素人のほうがまだましだ、といいたくなるほどまずい飲食店。腹が立つほどおもしろくない漫才。何年サッカーをやってるんだ、といいたくなるほど簡単なパスミスをする選手……。

ようするに（2）を置き去りにした（1）だけの「プロ」、いわばプロ素人が大量に出現したのである。プロの敷居《しきい》全体が低くなったのかもしれないが、かれらは「プロ」を僭称しながら、個人の利益や個人の快楽を厚かましくも「プロ」の概念の上に置いたのである。組織の利益と保身が「プロ」の責任を足蹴《あしげ》にして平然としている。それが現在である。「プロ」の言葉に全幅の信頼が置けない。社会における「プロ」の信頼性がぐらついているのだ。

プロフェッショナルの意味①——大前研一氏の場合

もうすこしプロの話をつづける。本書はアマチュア論ではあるが、そこに入る前に、どうしてもアマチュアの対語としてのプロのありようを語らないわけにはいかないからである。

そもそも「プロとはなにか」ということの決定的な定義はない。医師免許や司法試験のような国家試験がある分野もあるが、それはただの資格であり、プロとはなにかをあきらかにするものではない。だから自称他称、ピンからキリまでのプロが存在することになる（定義があろうとなかろうと存在するが）。そんななか、似非プロの跋扈に業を煮やしたこれまた自称本物のプロたちが、本物のプロとは「プロフェッショナル」である、といいはじめる。

大前研一氏の見解が興味深い。かれはプロとはなにかを「グーグルしてみた」結果（大物ぶるわりには言葉が軽薄！）、一般的なプロのイメージとはこのようなものだ、といってその検索結果を紹介している。次のとおりである（括弧内は大前氏の独り言）。ちなみに、一番最初にでてくる定義は、右に示した（1）と（2）の統一である。これで十分だとわたしには思われるのだが。

「専門的な知識や技能によって報酬を得ている人」（なるほど、なるほど）
「社内のみならず、社外においても、第一線で通用する専門知識や実務能力を備えている人」（たしかにそのとおり）
「果たすべき役割をまっとうできる能力を備えた人」（言うまでもない）

「自分の仕事に夢と誇りを持ち続け、不断に努力を重ねる人」（大事なことです）
「平均以上の成果を上げられる人材」（そうあるべきでしょう）

（『ザ・プロフェッショナル』ダイヤモンド社）

これらの検索結果を見て、たしかにそうなのだが「何か違う」と大前氏は不満である。なにより、ここには「顧客」がいないではないか、と。「プロフェッショナルとアマチュアを分けるものこそ、『顧客主義』」だ、というのが大前氏の主張である。かれの満を持したプロの定義はこうである（「プロ」と「プロフェッショナル」を意識して使い分けているようではないらしい。あてが外れた）。

プロフェッショナルは感情をコントロールし、理性で行動する人です。専門性の高い知識とスキル、高い倫理観はもとより、例外なき顧客第一主義、あくなき好奇心と向上心、そして厳格な規律。これらをもれなく兼ね備えた人材を、私はプロフェッショナルと呼びたい。

（同書）

付言しておくと、大前氏の本に書かれているのは、あくまでも「ビジネス・エリート」としての「ビジネス・プロフェッショナル」である。そこで紹介されている成功例も失敗例もすべて「ビジネス」に関するものである。同書は、もともとは『ハーバード・ビジネス・レビュー』誌に連載した原稿が元になっているらしいが、もし読者が「ビジネス・プロフェッショナル」を自負するのであれば、その雑誌くらい「読みこなせないとまずいでしょう」（同書）という世界である。多くの読者はその本を読みながら、「こらアカン、お呼びじゃないわ」と思ったのではないか。とはいえ、大前氏も随所で我田引水がすぎるのだが、それでもこの本は多くの示唆と洞察に満ちているといっていいと思う。

大前氏は世界の最先端で活躍する（通用する）ビジネス・エリートだけしか眼中になく、それ以外の大多数の凡庸なサラリーマンなど雑魚《ざこ》くらいにしか考えていないように思われる。「ビジネスマン」（颯爽《さっそう》とした切れ者、大企業というイメージ）という呼称が、「サラリーマン」（くたびれた背広にうだつのあがらない風采、中小零細企業のイメージ）よりも上だと思っているようでもある。もしほんとうにそう思っているのなら、かなり幼稚なお方といわざるをえない。なにが「ビジネスマン」だとわたしは思うが、それでも公平にいって、この本は持ち場持ち場でがんばっているふつうのサラリーマンにも有益である。

大前氏はこのようにいっている。「たいていの人が『自分の限界を、自分で決めて』います。そのほとんどが、かなり手前に設定されています。なぜなら、いままでの経験と相談するからです。これは楽チンです」。大前氏はこのような連中を「知的怠慢」であるという。わたしも同感である。そんなやつよりも「まだまだ半人前だけれども、顧客のために全身全霊を傾けるルーキーのほうが頼りになる」「素直に自分の間違いを認めることが『知的に怠惰でない』ということ」「頭で考えているだけで、身につくものなどありません」という言葉にわたしは全面的に同意する。

けれども、単純な疑問がある。かれが列挙する「ビジネス・プロフェッショナル」の条件は、ほんとうに「ビジネス・プロフェッショナル」だけに特権的な条件なのか。もう一度、その条件を見ていただきたい。理性で行動するひと、専門的な知識とスキル、高い倫理観、顧客主義、好奇心と向上心、厳格な規律。もしこれらの諸条件を「もれなく兼ね備えた人材」がいるなら、ほとんど超人である。

そんな人間が、大前氏自身も含めてほんとうに存在するのかどうかは問わない。しかし単純な疑問とは、それらの諸条件ははたして「ビジネス・プロフェッショナル」だけが目指すべき条件なのか、備えるべき特権的人格なのか、という疑問である。

その疑問に答える前に、もうひとりのプロフェッショナルを見てみる。

プロフェッショナルの意味②——波頭亮氏の場合

経営コンサルタントの波頭亮氏は、「プロフェッショナルはどのような職種にせよ、高度な知識や技術を身につけていなければならない」が、それは「必要条件でしかない」といっている。それでは不十分である。「本当のプロフェッショナルとして承認される」ためには、「顧客利益第一」「成果指向」「品質追求」「価値主義」「全権意識」の「五つの掟《おきて》」が、「十分条件として厳しく問われることになる」。あきらかに波頭氏には「プロフェッショナル」意識があるように思われる。

このなかでも波頭氏がもっとも強調するのは「センス　オブ　オーナーシップ」（全権意識）の自覚である。かれはこのようにいっている。たしかに一般のサラリーマンのなかにも右の十分条件をほとんど満たすひとはいるだろう。しかし——

彼らとプロフェッショナルとの違いは、他人から命ぜられなくても自分がやることを自分で決めることができ、自らを厳しく律して最善の努力をし、結果に対して全ての責任を負う覚悟があるかどうかである。プロフェッショナルのプロフェッショナルたる所以は、センス　オブ　オーナーシップに基づく自己完結性にあるのである。

（『プロフェッショナル原論』ちくま新書）

「全権意識」という言葉は耳に新しいが、内容はとりたてて新しいものではない。たしかにそのとおりである。しかし、波頭氏の独特さはじつはこのあとにある。プロフェッショナルから、次のような明確な言葉を聞くのははじめてのような気がする。新鮮である。世の有象《うぞう》無象《むぞう》の「プロ」たちはさぞかし耳が痛いことだろう。波頭氏はこのようにいいきっているのだ。「プロフェッショナルの仕事の本分は公益への寄与であり、自らの収益を追求することではない」「間違ってもその案件によって自分がどれくらい儲けられるのかという観点を判断基準にしてはならない」。もしもそのような観点を優先して仕事を選ぶ者がいるなら、医師であろうが弁護士であろうが、「彼は真のプロフェッショナルとは呼べない」。いかが？　ここではほとんどの自称他称の「プロ」が脱落するはずである。

波頭氏はまた現代日本についてこのように述べている。およそ「プロフェッショナル」らしからぬ言葉を聞いたという気がする。

今の日本では、金で買えないモノがないのではなくて、金で買えないモノに対して人々が興味をなくしてしまっているのである。高潔な人格や深い教養、慈しみの気持ちや清廉な人生といった金では買えないモノが意識から欠落してしまっているために、金で買えないモノがないように思ってしまうのである。

金では買えないモノが思いつかないような意識の人々で構成される社会においては、その社会のしくみやルールは経済的合理性のみを軸にして組み立てられることになる。そして経済的な軸だけで組み上げられた社会の中で、政府も企業も、大人も子供も、経営者もサラリーマンも、教師も住職も、そしてプロフェッショナルも、単なる経済的行為としての仕事と日常生活を営むのである。（同書）

さて、このような考え、このような言葉を根底に持っている者こそ、わたしが考える「アマチュア」である。波頭氏はプロフェッショナルの要件の底に、「必要」や「十分」以前の前提条件として、あきらかに「高潔な人格や深い教養、慈しみの気持ちや清廉な人生」を据えている。かれのプロフェッショナル論は人間論を踏まえているのである。人間としての素養を強調する優れた経営者はいる。しかし、プロフェッショナルの要件に、ここまで明確に人間論を据えたプロ論ははじめてである。かれのプロ論はより拡張されている。「アマチュア精神」を内包して、通常のプロ論を超えているのだ。

なるほど、大前氏のプロ論も優れてはいる。けれどいかんせん、ここまでの深みがない。大前氏のプロ論はプロ論をはみだすことがない。むろん当然といえば当然である。それはそれで見識であろう。しかし人間論としての根底が薄い。大前氏のいう「顧客主義」も、結局は「経済的行為」の一環として考えられているにすぎないのではないか、と思ってしまうのである。

本書で述べようとしているアマチュア論もまた、従来の狭小な「アマチュア」概念を超える。

プロもアマもあるもんか

ところでリリー・フランキー氏（氏、というのもなんかヘンだが）が「プロ」と「アマ」について、このようにいっている。

オレは全部、その世界のニセモノだと思ってますから。アマチュアです。でもね、プロだといわれているのに、つまんない文章とか書く人もたくさんいるわけですよ。ヘタクソなカメラマンとかね。だったら、アマチュアのオレでもできるんじゃないと思った。若い人は「プロになる」とか聞くと、身構えちゃうけど、大げさになんて考えない方がいい。街のラーメン店だって、たくさんあるけど、うまい店はほんの一握り。プロになるのは、簡単なんですよ。取りあえず開業すりゃいい。ただ、おいしいラーメン店になるのは簡単ではない。ここが大事です。

（『プロ論。2』徳間書店）

謙遜一割、本音九割といったところだろうか。もちろん額面どおりに受け取ってもいい。とはいえ『東京タワー』はプロの仕事としてまちがいなく優れた作品である。かれは俄《にわ》かプロになるのは「簡単」だといっている。「取りあえず開業すりゃいい」。つまり自称である。ただし本物のプロになるのは「簡単ではない。ここが大事です」。

ある仕事で一生を食いつないでいくためには、それだけの需要がなければならない。当然、それに見合うだけの個性や力量が問われる。ようするにいくら自称プロとはいえ、社会に認められなければならない。だから、かれは仕事は断らない。「それで必死に取り組む」。ここが「大事」なのだ。

リリー・フランキー氏はまたこういう話もしている。農家が稲を作ったり農協に納めて金をもらう、というのは「生業《なりわい》」であって「仕事」ではない、というような話である。ちなみに「生業」とは「生活のもとでを得るための職業」のこと（『新明解国語辞典』）。

　仕事というのは、あぜ道の草を抜いたり、まだ荒れているところを耕したり、すぐにはお金にならないことをやること、つまり先のことのために働くこと。結局、いい仕事をしている人というのは、生業ではなく、仕事をしていた人だと思う。食うだけのことでみんなが疲れ、休んで寝ているときに、起きて「仕事」ができるか。無益の生産活動ができるか。周りに何を言われても、烏合《うごう》の衆にならずに頑張れるか。自分もそういう人になりたいと思っています。　（同書）

いい考えである。ひとはパンのみにて生きるにあらず、である。リリー・フランキー氏はほんとうは「プロ」や「アマ」など、どうでもいいと思っているにちがいない。めんどうくさいことにこだわるんじゃない、と。かれはアマチュアをプロの前段階に位置づけている。位置づけながら、その境界を取っ払っている。それはそれでもちろん正しい。だが、わたしは「アマチュア」の概念をもっと広げるつもりである。

アマチュアの台頭を示す事例はほかにもある。

ウィキペディアというネット百科事典がある。ネット上のだれもが自由に参加して、作成・修正・削除ができるというものである。梅田望夫《もちお》著の『ウェブ進化論』によると、「IT に批判的な論客」として知られるニコラス・カーというひとは、そのウィキペディアを批判してこのようにいっているという。「Web 2.0の主唱者たちは、アマチュアを崇拝し、プロフェッショナルに不信を抱く。ウィキペディアへの真の礼賛の背後にはそういう思想がある。オープンソースやあまたの民主主義的な創造性発揮例への賛美の背後にそういう思想が見えるのだ」（梅田望夫『ウェブ進化論』ちくま新書）。いやアマチュアへの「崇拝」はない。だがプロへの「不信」ならたしかに存在している。

梅田氏は「ブログ」の隆盛についてこういっている（ちなみに日本人のブログ開設数は世界一らしい）。

これまでモノを書いて情報を発信してきた人たちが、いかに「ほんのわずか」であったかということに改めて気づく。そしてその「ほんのわずか」な存在とは、決して選ばれた「ほんのわずか」なのではなく、むしろ成り行きでそうなった「ほんのわずか」なのだ。これまで情報を発信してきた人たちの実力というのは、これまで発信してこなかった人たち全体のせいぜい上位一％くらいの層と同程度。特にビジネスや技術や経営といった領域でその傾向が顕著で、芸術的な領域を除けば、たぶん他領域にも概ねあてはまるはずだ。

（同『ウェブ進化論』）

「これまでモノを書いて情報を発信してきた人たち」というのは、いわゆるプロとか専門家のことである。そんなプロの書くものや発言を見て、なんだ大したことねえな、と思ったことがあるひとは多数いるだろう。

もちろん、現在でもプロとアマチュアの差は厳然としてある。すごいプロフェッショナルはいる。だが、ある分野においてはその境界が曖昧《あいまい》になっているのも事実である。歌謡界など百花狼藉《ろうぜき》である。女子アナウンサーは今では素人芸能人である。コミックマーケットやインディーズといった、かつてはマイナーとされた価値が容易にメジャー化しうる時代なのだ。『生協の白石さん』や『電車男』といったアマチュアの作品や、『実録鬼嫁日記』や『きょうの猫村さん』といったブログからもヒット作が出現している。

資本主義が価値とするのはプロかアマかではない。売れるか売れないか、儲かるか儲からないかだけである。ホームページやブログや携帯電話によって表現媒体が万人に開放された。売れるか売れないかを判断するのは、もはやプロの製作者だけではない。日々、それらの新しい媒体に接する消費者でもある。現在活躍しているプロたちは昔からプロだったのではない。かれらもプロ以前はアマチュアであり素人だった。そのアマチュアや素人がいまや表現の手段を獲得したのである。メディアの開放がプロとアマの境界を破壊した。万人の新たな表現者、畏《おそ》るべし、である。

格言2　プロがいるのではない。売れたものがプロである。

プロ素人の時代

プロ失格者が増加する反面、ズブの素人をにわかプロに仕立てることが増えてきた。知識は新聞・テレビで聞きかじった程度にもなく、バットを振らせてみればへっぴり腰、という程度の者を、アルバイトで雇用し、にわかプロに仕立てあげよう、せめて見せかけようとするのが、即席プロ化の手段としてのマニュアルである。

かれらは下働きだけではなく、仕事の基幹部分に据えられることも多い。しかし当然のことながら、臨機応変・当意即妙な対応や応用ができるはずはない。九百七十円の会計に千円をだしたら「千円でよろしいですか？」といわれて、よろしいもへちまもあるものか、とびっくりし、九百九十九円の会計に千円をだして一円を釣りにもらったとき、「お確かめください」といわれて、「はい、たしかに一円ね」と確かめたわたしはアホである（実話である）。もちろん、わたしはかれらを責めているのではない。

道のわからないタクシー運転手。本を聞いてもポカンとしている書店員。まあ、われわれもかれらにプロを求めてはいないが、あまりにも目にあまると「店長を呼べ」となり、アルバイト店員は許してやってもいいが、店長のおまえはプロだろと、かれらにプロとしての対応と責任を迫ることがないではない。

プロとアマ（もしくは素人）のつなぎ目のところで、（1）職業としていることと、（2）それに見合う技量を持っていること、が乖離していて、プロ素人と素人プロが溶け合っている不分明な膨大な領域が広がってきたのである。もとより素人の数のほうが膨大だから、その領域が膨大になるわけである。

むろん、それは時代の要請である。即戦力のプロが求められている反面、雇用コスト削減が進められなければならないからである。だからわたしたちは、本物のプロを指してプロ中のプロと呼んだりするわけである。プロ教師の会、というものがある。教師はとりあえずプロであるはずなのだが、そのなかでも本物のプロを目指す教師、というわけであろう。アマチュア教師が多すぎる、というかれらの現状認識を示してもいるのか。

全般的に、プロの価値が下落している。というよりプロが舐《な》められている。舐められて当然のプロが多すぎるからでもある。（1）の報酬の部分だけにしか興味がなく、（2）の対価に対する責任意識が低下したプロが増えてきたのである。「プロ」という称号はそのための隠れ蓑《みの》でしかない。おどろいたことに、「社」としてもまったく対応する気のない組織があるのである。それも業界ぐるみである。「プロ」を騙《かた》る詐欺師・悪徳業者も蔓延《まんえん》している。

「プロ」という言葉は「おいしい」のだ。

ある仕事に就くということは、その道のプロになる（目指す）ということである。一流の料理人は、この味では店にだせない、という。だが、おまえは素人かという料理を平気で店にだしている食べ物屋はゴマンとある。「プロ」が薄っぺらくなったのだ。「プロ」の大安売りである。本音は「プロ」もへったくれもあったものではない。そんなものはただの看板で、どうでもいいのである。金が一番大事、自分（自分の所属する組織）だけが一番大事という世の中になったのである。他人や顧客や責任感や倫理や家族や男らしさや法令よりも、金と自分が一番大事なのである。

本書でいう「アマチュア」は、このような似非「プロ」を当然超える。従来の「アマチュア」をも超える。超えるというのがいいすぎなら、その双方の底流を生きる。すなわち、仕事にはもちろん全力を傾けるが、「プロ」という妄想を追うのではない。「プロ」を物欲しげに仰ぎ見るのではない。当然、「アマチュア」である自分を卑下することはない。甘やかすこともない。

アマチュア精神にプロは宿る

本書で考える「アマチュア」はプロと対立しない。プロに至る前段階ではない。プロから半人前と蔑《さげす》まれていいあり方ではない。プロを嫉視し憧憬する存在ではない。いわば、「人間としてのアマチュア」、生き方としてのアマチュア、といった概念である。技量や報酬という条件を超える、あるいはそれ以前の、人間の生き方としてのアマチュアというところまで意味は拡張されている。なぜ拡張するのか。理由はいくつかある。

（1）人間はプロである前に人間である

こういう言い方はほんとうに嫌いなのだが、わたしたちはなんらかの「職業プロ」である前に、人間ないしは男や女として生きている。そのとき、「人間のプロ」などめったに存在しない。存在するとしたら、ほとんど聖人である。われわれ俗人は基本的に人間としては素人である。よくてアマチュアである。そのアマチュアからより良きアマチュアになれるかどうかが人生の課題なのである。人間としての基本（倫理・礼節・責任など）を身につけていない者は、人間のド素人である。

さて、大前氏は、プロフェッショナルは「感情をコントロールし、理性で行動」し、「高い倫理観」と「あくなき好奇心と向上心」と「厳格な規律」を持った人間のことだ、といった。波頭氏は「結果に対して全ての責任を負う覚悟があるかどうか」だといった。けれど、考えてみるといい。なぜそれらの美質が、ビジネス・プロだけに特権化された美質なのか。まるでビジネス・プロ以外の人間（素人、アマチュア）は、つねに感情的でふしだらで怠惰で野放図《のほうず》で無責任、といわれているようなものではないか。

「顧客主義」とは、客から金をもらっているからであろう。だが「顧客主義」を「他人に対する配慮」というように意味を拡張すれば、プロであろうとなかろうと、まっとうな人間であるかぎり、他人に対する気遣いや配慮は不可欠ではないか。もともとそのような資質のない者に、付け焼刃で顧客の大事を説いても、できるわけがないのである。

職業的にはなんらかの「プロ」でありながら、人間としてのド素人はめずらしくない。「プロ」であることに酔って傲岸不遜、品格なき振る舞い、醜悪な自己ＰＲ、「それは自分の責任ではない」と、いかなる責任も認めないことによって完全に責任を果たしていると言い張る「プロ」は少なくない。おまえが辞めるのが責任の取り方だよ、と思うのに、いや辞めないことがわたしの責任だと屁理屈《へりくつ》をこねる「プロ」もいる。

かれらに欠けているのは「プロ意識」でも「プロ根性」でもない。それ以前の問題。欠けているのは、純粋、無償、社会性、責任感、ねばりぬく耐性、配慮、謙遜、礼節を旨とする人間としての「アマチュア精神」である。ようするに、大前氏らが挙げている「プロ」の諸条件は、「プロ」の条件でもなんでもない。まっとうな人間なら、人間として当然持つべきの、人間としてのあたり前の条件なのである。波頭氏のプロ論が見事なのは、「アマチュア精神」を内包しているからである。

英国ロイヤル・バレエ団で十年以上プリンシパルの座にある吉田都《みやこ》氏は、いみじくも「プロかどうかということよりも、どういう人間であるかが重要」といった。わたしは激しく同意するが、そんなこと関係あるか、技術と結果だけがすべてだ、という「プロ」もいるだろう。もちろん、そういう「プロ」もいる。それが一般的な意味での「プロ」でもある。だが、そんな「プロ」には深みがない。厚みもない。

プロであるか否かにかかわらず、人間であるからには、倫理観や責任感や誠実さは当然持つべきなのである。それを身につけている者が人間としてのアマチュアである。プロだけがこの美質を持っているといいたがるのはプロの傲慢である。横綱・朝青龍のチンピラの目つきやけんか腰は無残である。負ければ座布団を蹴飛ばし、怒声をあげ、タオルを投げつけて思い切り不貞腐《ふてくさ》れる。「プロ」どころか「アマチュア」すら失格である。

どこかに存在しているかもしれない傲慢下品なプロなど、少なくともわたしには関係がない。その強さがどうした、その技量がなんなのか、頭のよさがどうした、と断じてはばからない。わたしにとって大事な人間は、人間としてのアマチュア、それもより良きアマチュアである。

格言3　仕事はプロでも人間としてのド素人は、社会的には有意味であっても、あなたやわたしにとっては無意味である。

（2）アマチュアは「自分」自身を価値の頂点に置かない

公平、正義、美、誠実、貢献。あるいは使命、責任、向上心。なんでもいいが、「自分」以外の理念（価値）を「自分」の上に置く。もちろん金も価値の頂点には置かない。

プロは結果がすべてだという。すべてとは、結果だけで評価されるということである。それはそれでいい。アマチュアも当然、結果を重視する。生きているのだから。だが同時に、動機やプロセスや振る舞いも重視する。なにをなしたかではない。なにをどのようになそうとしたかが大切である。プロが結果がすべてなら、アマチュアは動機もプロセスも振る舞いも、である。

プロが金なら、アマチュアは基本的に無報酬の精神である。もちろん金は大切である。生きているのだから。けれど、それでも金を頂点には置かない。わたしたちは金をもらっているから生きるのではない。親はだれかに頼まれたから、金をもらったから、子どもを育てているのではない。

（3）全生活時間におけるプロなど存在しない

大前氏が、かれのいうプロを「ビジネス・プロフェッショナル」に限定しているのは賢明である。なぜなら、あらゆる分野でプロになれる人間などいないからである。その分野では一流のプロも、他の分野ではまったくの素人である。テレビのコメンテーターなどその好例である。そもそも「プロ」だって怪しいのだ。精神科医だからといって、犯罪少年の「心の闇」などわかるものか。

仕事が人生の大半の時間を占め、大事な要素であることは疑いがない。だが、職業的にはプロであっても、かれが朝起きたときにプロであるわけではない。食事をし風呂に入り寝るときにプロであるわけではない。プライベートの時間までプロなのではない。ごくふつうの人間である。もしふつうの人間以下なら元も子もない。ひとは全生活時間でプロなのではない。

それにまた、生まれて死ぬまでプロ、全生涯を通じてプロである人間など、だれひとり存在しない。少年期、青年期、壮年期、老年期を通じてプロである人間など存在しない。プロになる前にも人生はあり、プロを辞めたあとにも人生はつづくのである。

それに比べて、人間としてのアマチュアは、どんな時間でも通用する。また、どんな世界でも通用する。しかも、生涯通用する。どんな仕事をするにも通用する。人間としてのアマチュアであることは、まともなプロフェッショナルになるためにも必須の資質である。

格言4　見事なプロフェッショナルはかならず見事なアマチュア精神を持っている。

（4）職業においても大半の者は「アマチュア」である

だれもが仕事においては「プロ」的技量の習得を目指す。当然である。若者たちや若い会社員たちは関連本を読んでは、単純に「プロ」になりたいと憧れる。だが、ビジネスの世界にはプロスポーツのように、ここからが「プロ」という明確な境界線はない。

「プロ」になっても、そのなかにもまた一流、二流、三流のプロがいる。国家試験を通ったからといって、それだけで立派な医師や法曹家になれるわけではない。ようするに、漠然とした「プロ」など存在しない。会社員にとって「プロ」になりたいなど、願望としても現実としても、ありえないのである。

作家やライターの世界で、「オレはプロのモノカキだ」と思っている者はいても、会社員で、「オレはプロの会社員だ」などと思っている者はほとんどいないはずである。いたらアホである。ほとんどの会社員は目前の仕事に取りかかるだけである。抜群に優秀なわけでもなく、頭を抱えるほどに無能なわけでもない。ごくふつうの会社員が大半である。あえてプロということでいえば、職業的なふつうのプロなのだろうが、それをわたしはあえて「アマチュア」と呼びたいのである。

ところが、当然のことながらそこにも優劣が生じる。わたしの経験でいえば、自分でできる（プロ的）と思っている者ほどタチが悪い。修羅場を踏んだ、ということをやたらと強調したがったりする者がいるが、口先だけである。かといって、ただ生真面目《き》なだけでも伸びない。一般的には大前氏のいうように「顧客主義」の社員が優秀だが、下手をすると顧客の丁稚《でっち》になりかねない。自分にのぼせあがった者は使えない。セクショナリズムに固まった者は最悪である。ただの「アマチュア」から、より良き「アマチュア」になることができるなら、仕事上ではそれで十分である。

おまえは現実にある姿と目指すべき理想を混同させて話をすりかえている、と反論がでるかもしれない。仕事だけの話を人生や人間にまで拡張している、と。だが、そうだろうか。そうなのである。そしてそれでいいのだ。世間の「プロ」、世界で一流の「プロ」など、あなたにもわたしにも無関係である。自分個人にとって「プロ」とはなにか、を考えてみるとよい。仕事とプライベートと人生と自分は切り離せないではないか。だれもがつねに結果をだせるわけではない。それに、はたして「プロ」は、技能系プロはともかくも、いわれているようにそんなにご大層なものか。

だれもが大前氏がいうような「プロ」になれるわけではない。その「プロ」がつねに目ざましい結果をだしつづけられるわけでもない。「ビジネス・プロフェッショナル」なんて言葉に恐れ入る必要はないのである。そんなあるかないかわからない「プロ」を目指すくらいなら、立派な「アマチュア」を目指したほうがいい。たしかに「プロ」ではないかもしれない。けれど、わたしはそれでいいというのである。逆にいえば、アマチュア性を持たない「プロ」なんかどうでもいいのである。そんなことよりも、全生活時間、全生涯においてより良き「アマチュア」でありつづけることができるなら、もうまったく、なんの問題もない。

格言5　お題目ばかり立派で実体の不明な「プロ」を目指すより、人間としてのより良き「アマチュア」を目指すほうがいい。

2

生きる方法としてのアマチュア

「論理的思考」は必要だが過信は無用

自ら本物のプロフェッショナルを任じているひとは、本書でいう「アマチュア」を容易には認めないかもしれない。どんなに理屈をこねても、アマチュアは所詮《しょせん》アマチュアだ、と。もちろん、認めなくていい。わたしはかれらを説得しようとしているのではない。わたしは自分自身のためと（自分一番ではない）、口幅《くちはば》ったいが、「プロ」という言葉の魔力（妄想）に拉致《らち》されそうになっているひとのために書いている。一生懸命生きようとしているのに、「なにをやっても半人前」と自分に自信がないひとのために書いている。

「プロ」たちがプロの優位性を説くときに金科玉条《きんかぎょくじょう》のようにいう要件がある。「論理的思考」である。またまた大前研一氏で恐縮だが、かれはこうもいっていた（使い勝手のあるひとである）。「アマチュアは感情や経験で議論しますが、プロフェッショナルは少なくともロジックで議論するのです」（『ザ・プロフェッショナル』）と。なるほど。いや、頷《うなず》いている場合ではない。たしかにプロ関連本の多くは、論理的思考法の解説書といってもいいほどに、だれもがその重要性を説いている。

はたして論理とはそれほど恐るべきものなのか。それにアマチュアは大前氏がいうように、非論理的で感情的か。いうまでもなく、筋道を立てて考え、説明し、実行することは、プロにかぎらず、だれにとっても必要なことである。ひとがその明晰《めいせき》性と構築性に憧れるのも無理はない。けれども、論理はそれほど威力のあるものか。それほど信頼していいものか。もしかしたら、それを至高の思考法のようにいうのはただの論理病ではないのか。

本書を書くために十数冊ほど「思考法」の本を読んだ。くたばってしまった。『クリティカルシンキング』（入門篇・実践篇の二冊がある。北大路書房）や『ロジカル・シンキング』（東洋経済新報社）などを読むと、これはもう思考学というジャンルの本格的勉強が必要なのではないか、と思わせられるのだ。

けれどはっきりいって、これらを読んだからといって（読みとおすだけで難渋した）、一朝一夕に頭の構造がどうこうなるという代物ではないのである。特に『クリティカルシンキング』など覚えることがありすぎて、にっちもさっちもいきやしない。マーカーペン片手に読めば、全頁まっ黄色になってしまって、なんの意味もありはしないのである。

とりあえず、一部を紹介してみよう。ゼックミスタとジョンソンというロヨラ大学の心理学の教授が書いた『クリティカルシンキング　入門篇』である。学者は頭を使うのが商売だから、こんなことを考えるのは得意である。それにしてもここまで考えたかと、ある意味感心する。

そもそもクリティカルとはなにか。「ものごとを基準に照らして厳密に判断する」ことである。ゆえにクリティカルな思考とは、「適切な基準や根拠に基づく、論理的で、偏りのない思考」つまり「良質の思考」ということである。で同書によると、そこには次の三つの主要な要素が含まれている。

（1）「問題に対して注意深く観察し、じっくり考えようとする**態度**」（ゴチック原文）
（2）「論理的な探求法や推論の方法に関する**知識**」
（3）「それらの方法を適用する**技術**」

さてそこで、「クリシン原則」なるものが四十もあるのである。いうと思っただろうが、栗本慎一郎の原則ではない。もちろんクリティカルシンキングの略で、右に挙げた三要素「態度、知識、技術」がその「クリシン原則1」ということである。同書では「クリティカルな思考をする人の特性」として、「知的好奇心」「客観性」「開かれた心」「柔軟性」「知的懐疑心」「知的誠実さ」「筋道立っていること」「追求心」「決断力」「他人の立場の尊重」の十項目が挙げられている。なんだ？　アマチュアのことではないのか？

「クリシン原則」のすべてにふれるわけにはいかない。一例だけを挙げる。「クリシン原則13」＝「人の行動は、一致性・弁別性・一貫性の三次元で評価せよ。そうすれば、原因の所在がはっきりする」という箇所である。「論理的」だぞ。

（たとえばAという人物がある行動をするとき）**一致性**とは他の人々もその行動をしたかどうか、**弁別性**とはその行動が特定の対象にのみ向けられていたかどうか、**一貫性**とはいつでも同じ行動をするかどうかである。つまり、多くの人が同じ行動を示したら、その行動は一致性が高い、行動が特定の対象にのみ向けられるなら、その行動は弁別性が高い、そして、同じような行動がいろいろな場面で見られたら、その行動は一貫性が高いということである。（入門篇。ゴチック原文）

なんだか知らないが、ややこしいことである。

著者たちはじつに微に入り細をうがつように徹底的で、よくまあ、こんなめんどうなことを考えたものだと感心はする。さすがアメリカの学者である。徹底した分析と原則の物量で、各章の終わりには要約チャートもついていて至れり尽くせりである。根気よく読めば、それなりの効果はあるにちがいない。いやというほどロジックの専門用語も覚えて頭がよくなった気分になることだろう。しかし、生きるということはほんとうに、いやモノを考えるということはほんとうに、こんなに厳密に考えることなのか。わたしは降参である。こんな厳密さがだれにとって必要なのかさっぱりわからない。

このわずかな引用だけで、辟易《へきえき》されたひとがいるかもしれない（逆に興味を持ったひともいるだろう）。だが世の一部の会社員や学生さんたちは一冊丸ごと読んでいる（らしい）のである。「実践篇」まで読んでいたりする（らしい）のである。たかだか右の引用だけで降参したひと、あなたはそんな思考法をまったく必要としない。ほんとうは仕事で必要なのに降参したひと、あなたに「論理的思考」は無理である。

ほんとうにこんな「論理的思考」が仕事や人生に必要なのか。はっきりいうが不要である。論理的思考は必要だが、こんな思考のための思考など無用である。「論理的」であることを万能の武器のように考えすぎであり、「思考法」にも過剰な期待をしすぎである。だれもが、こんな斬新《ざんしん》かつ、だれも知らなかった思考法があったのか、とおどろくようなものはないのである。もちろん、そんなものがあってもいいのだが、だからといって、その思考法を自家《じか》薬籠中《やくろうちゅう》のものにすれば、すべてが解決する、なんてことはないのである。

こんな本を読んではすぐ、決まり文句のように、目からウロコとかいうのである。しかし、いって終わりなのである。あなた、自分で動く気がないでしょ。頭のなかだけできれいに処理しようと思っているのではないか。実際に体を動かすのはオレ以外の他のやつらだ、なんて虫のいいこと思ってはいないか。それに論理的思考がほんとうに生かされるためには、その思考法が他の人間との間で共通の認識になっている必要がある。会議やプレゼンテーションで「そこは弁別性が高い」なんてひとりだけやっても、共感は得にくい。さらに、自分がそれを実践して見せなければならない。

格言6　「論理的思考」という言葉に過剰な期待をしないこと。それに、考えただけで終わりなんてことは仕事でも人生でもありえない。

いい人間にいい考えは宿る

だから、訳者が『実践篇』の「あとがき」でこのように書いていることは適切である。

（「クリティカル思考の基本は疑う心」であるが）生活の中で出会うあらゆる出来事や情

報に対して、常にクリティカルな態度で、一つひとつを慎重に検討していくことは、現実には無理なことです。（略）実のところ、本書で指摘したような、人が原因推測において示す傾向、ステレオタイプに基づいてものごとを判断してしまう傾向、自分に都合のよいようにものごとを解釈する傾向などは、われわれが生きて行く上で、役立っている場合が多いのです。（略）なんでもかんでも疑い、慎重に吟味していては、人は何一つできなくなってしまいます。（略）

大切なことは、クリティカルに考えるべき局面を適切に認識し、選択できることです。（略）自分の直感的な判断や、知識や「常識」を過信せず、いつでもクリティカル思考に切り替えることができるよう、「エンジンのかかった状態」を保っておくことです。

（実践篇。傍点原文）

わたしたちはみな、人生のアマチュアである。組織のなかでも、仕事の力量としてはほとんどの者がアマチュアである。人間としてはせいぜいアマチュアの中か下である。へたをすると、そのすべてにおいてズブの素人でありうる。考えることは必要である。それも可能なかぎり論理的に。アマチュアでありつづけようとするために必須である。考えることは生きていくうえでのすべての基本だからである。けれど、なにをどう考えるかにおいてもっとも大切なことは、意外だと思われるだろうが、生き方だとわたしは思っている。論理ではない。いや、論理もまた生き方に関係している。

NHKの「プロフェッショナル」に登場した、清涼飲料水の分野で次々と大ヒット商品を開発している飲料品メーカー（キリンなのだが）の商品企画部長、佐藤章氏の言葉は印象的だった。ハッとした言葉はこれだ。

「（プロというのは）やっぱり愛情がある人だと思いますね。テクニカルなプロじゃあだめなんですよね。だから人の気持ちの中に入っていける、その中に入っていける事ができる人ってやっぱりプロ」。そして佐藤氏はこのようにもいっていたのである。「いい性格の人間がいい商品を作る」「公式や法則からいい商品はできない」。

わたしの考えでは、これはアマチュア的思考である。だから佐藤氏の言葉は魅力的なのである。論理だけでいい商品などできない。かれはそういっている。数字のような論理でひととの関係はできない。仕事もできない。商品も売れやしない。

これも同「プロフェッショナル」なのだが、横浜で家具職人を育てる秋山木工の秋山利輝氏は、技術を習得することなど大したことではないという。新入社員は男も女も丸刈りにさせ、四年間の住み込み生活をさせる。挨拶と礼儀を教え込む。一流になるには心がなければならない。「心が一流なら技術も一流になる」がかれのモットーである。「早く恥をかいたほうが勝ち」「世のため人のためになる職人を育てる」。

佐藤氏や秋山氏にならっていえば、「いい性格の人間がいい考えをする」（佐藤氏）のである。また「心のある人間がいいプロになる」（秋山氏）のである。卑怯でずる賢い人間に、美しい考えが浮かぶはずがないのである。卑劣な生き方しかしていない人間に、すばらしい考えなど宿るはずがないのだ。論理もその人間の生き方や人間性に依《よ》る、とはそういうことである。

論理的思考はもちろん数学的思考ではない。人間が絡んでくる場面での論理的思考とその実行は、人間の利害損得や思惑のすべてを捨てなければ成立しない。しかしながらどんな場面でも、かならず人間は絡むのである。そのときに一番厄介なのが「自分」である。いったい「自分」の利害損得や思惑の一切を捨て切れるのかどうか。論理的思考ができるかどうかは、頭のよさで決まるのではない。「自分」を捨て切れるかどうか、すなわちまっとうな人間であるかどうか、まっとうな生き方をしているかどうかで決まるのである。捨て切れる、というのがいいすぎなら、「自分」を他人や、ある種の理念の下位に置くことができるかどうかだ、と言い換えてもいい。
やり手とかキレ者といわれる人物がいるが、かれらの思考や行動がほんとうに感嘆すべきものかどうかはじつは不明である。周りの者を犠牲にして、その成功だけを自分が掠《かす》め取っているかもしれない。とにもかくにも業績をあげれば、それが上長の手腕ということになるからである。凄腕とか辣腕とかいわれるわけである。そんなアホな人間を引き上げる組織には、かならず似たようなアホがトップに君臨しているのである。

格言7　自分の利害を捨て切れない者（最小化できない者）に、論理的思考はできない。

「プロフェッショナル」という番組で取り上げられた人物たちに共通していることは、だれもがかならず一度は手ひどい挫折を経験していることである。経営者、パティシエ、建築家、弁護士、医者、みんな挫折し、焦燥感を募らせた時期を持っている。挫折とは、「自分」への執着を捨てることが必要、と腹の底から気づくことである。
番組の最後で「プロとは？」という問いが司会者から発せられる。小児心臓外科医の佐野俊二《しゅんじ》氏はこのようにいっている。「誇りと責任です。誇りをもたないといけない。誇りだけで責任がとれない人はだめです。それをしようと思えば、やっぱり努力しないといけない」。

人生は業績ではない。成功することでも有名になることでもない。どんな人生観を持つか、ということによって考えは決まってくる。轡田隆史《くつわだたかふみ》氏もまたこのように書いている。

「考える力」とは、実は、ものごとの細部にわたって、積極的に意識して行動する力なのだろう。僭越《せんえつ》にもつけ加えるなら、「考える」とは、結局は、一個の人間として恥ずかしくない生き方を、どう選んだらいいのかという問題にゆきつくものであるらしい。

（『「考える力」をつける本――「頭の壁」をガツンと破る方法』三笠書房）

まったく、そのとおりである。「あるらしい」という言い方は謙遜だろうが、わたしは「ゆきつくものである」と断定したい。だって、自分の生き方ではないか。大切なのは、自分はこれでいいのかと問い、これでいいのだ、と自分にいうことができることである。考えるだけではない。考えたことがそのまま現実化することなどありえないが、考えたことは、あたうかぎり実行に移されなければならない。そのときに、自分がどんな人間かがあきらかになる。畳の上の水練では泳げるようにはならない。だが多くの人間は、理論的には泳げるようになるはずではないか、と納まりかえっているのである。

格言8　一流のプロフェッショナルはかならず見事なアマチュア精神を持っている。

素人のようにでもなく、玄人のようにでもなく

「素人発想、玄人《くろうと》実行」をモットーにしている金出《かなで》武雄氏（経歴は後述）。『素人のように考え、玄人として実行する』（ＰＨＰ文庫）という本を書いていて、アマチュア的思考に参考になるかな、と読んでみた。

かれはこのようにいっている。「発想は、単純、素直、自由、簡単でなければならない。そんな、素直で自由な発想を邪魔するものの一番は何か。それはなまじっかな知識——知っていると思う心——である」。「知識があると思うと、物知り顔に『いや、それは難しい』『そんな風には考えないものだ』などといって、かえって自由な発想を抑え込むことになりがちである、と。

そうだそうだ、と思っていると、金出氏はさらにこのようにいっている。「しかし、発想を実行に移すのは知識が要る、習熟された技が要る。考えがよくても、下手に作ったものはうまくは動かない」。つまり「考える時は素人として素直に、実行する時には玄人として緻

密に」というわけである。「そのためには、玄人として、せっかく築いてきたものでも捨てなければならないことがある」。ド素人の発想でいいのかというと、全然ちがうのである。

なにしろ金出氏というひと、略歴によれば、京都大学大学院で博士号を取得、助教授職を経て渡米。現在、カーネギーメロン大学教授である。自動運転ロボット車、アイビジョン、自律ヘリコプターなどの先進プロジェクトで主導的役割を果たし、同大学のロボット研究所を世界最大の研究所に育て上げた。米国の宇宙エンジニアリング委員会委員やNASA先端技術諮問《しもん》委員を歴任し、アメリカ工学アカデミー特別会員に日本人としては最年少で選ばれたという、ちょっとお呼びでない輝かしい経歴のひとなのだ。

金出氏は自ら、小学校以来「成績優秀」だった、という。特に記憶に優れ、「電話番号から、人と会う約束の時間や場所もずっと一年先まで全部記憶していた」というのである。まあびっくりした。このような自慢を聞くのは、いっそ気持ちがいい。しかも、そこに集中力、精神的体力が加わる。「一日に二、三時間しか睡眠時間をとらないで一週間考え続けても平気だった。大学院のころには、七十四時間ぶっとおしに考え続けたこともある」。これだけのバックグラウンドに、かれの思考は支えられているのである。

同書には、氏のさまざまな知的経験や思考に関するヒントが随所に披瀝《ひれき》されていて、予想外におもしろかった。こぎれいなことばかりをいわずに、右のような体力論があるのもいかにも現場を歩いてきたひとの言葉だと、同感せずにはいられない。特に気に入った箇所は次のような言葉である。

「日本の学生はアメリカの学生と比較して、本来の問題解決の能力において明らかに劣っている」と氏は断言する。日本の教育は、定理や手順を「あてはめ」て答えがでれば、それが問題解決だと考えている。だが、「現実にある問題を自分の頭で考えて『何とかする』という訓練をしなければ、いくら専門的な知識があっても、思考力、判断力、そして挑戦する意欲という知的体力は生まれない」。

キス（KISS）というのは、"Keep it simple, stupid"の頭文字である。これはアメリカの俗語で、もとは軍隊用語から来ているようだ。部下がうまくできない時に、「こら、簡単にやれ！　バカモノ」という感じであるらしい。

キスはエンジニアリングの基本的な考え方である。（同書）

「これは難しい。きっとうまくいかない」「もっといい方法があるはずだ。もっと慎重に対応すべきだ」。実行する前にかならずこのようなことをいう反対論者は「どこの世界」でもいる。ネイセイヤー（Naysayer）というらしい。

金出氏は、「もし学生が、こんな泣き言を言ったら、『終わる前にうまくいかない理由をぐだぐだ考える暇があったら、早くやれ。最後までやってから、ダメだったらダメでした、と言えばいいのだ』と言うところである」と書いている。そう、シンキングばかりが大切なのではない。もっと大切なことは、「何とかなる」という耐久力である。いざ実行という段になると、尻ごみするのは小賢《こざか》しいプロである。泥臭くやるのがアマチュアである。

結果がすべて、とプロはいう。だが結果がでないことなど人生でも仕事でも山のようにある。だからやれるところまでやるという姿勢が必要なのだ。それができる人間をわたしは「アマチュア」と呼ぶのである。大前氏がいったように「半人前だけれども、顧客のために全身全霊を傾けるルーキーのほうが頼りになる」のだ。プロの大言壮語に惑わされてはならない。仕事を神格化しすぎてもならない。

世の中を見ていると、どうしてこんなバカがこんな地位に就いたのだろうと不思議に思えることがある。成績をあげるために、「おまえのくだらんプライドなど捨てちまえ！」と指導する会社があるが、いったい会社の成績をあげることは、プライドを捨てるに値するのか。

仕事はもちろん大切だが、いかに生きるかということのほうがもっと大切なのは、いうまでもないことである。

格言9　下手なプロは人を動かそうとする。アマチュアは自分で動く。

"Keep it simple, stupid"

ＫＩＳＳ。まさにこの言葉をタイトルにした本がある（もともとは、ブログで書かれたもの）。板倉雄一郎氏の、『Keep It Simple, Stupid Vol.2』である。わたしはかれの駆使する金融用語がちんぷんかんぷんなのだが、その言葉のはしばしに表れる考え方に大いに共感するものである。

板倉氏はかつてＩＴ起業の先駆者だったひとである。「ハイパーネット」という会社を創り、若くして時代の寵児《ちょうじ》と持て囃《はや》されたが、倒産の辛酸を舐《な》めた。その経験と金融の知識をもとに、現在は企業価値評価のセミナーの主催や経営コンサルタントを行っている。かれの目的は、国民のフィナンシャル・リテラシー向上のため、である。

人間は、社会からの恩恵によって生きています。だから、人間一人ひとりが、社会に対して価値提供をすることが、人間たる所以《ゆえん》です。人間は、社会に対する価値提供を行う義務を負っているのです。（略）自分の価値を高めるためには、学び、考え、リスクをとって経験し、自分の成果を振り返り、また、そこから学び……の繰り返しなのです。しかし、いくら学んだところで、いくら考えたところで、いくら行動したところで、その目的が、「社会貢献」でなかったら、一体何の意味があるでしょうか？　もし、その目的が、「社会貢献」でなかったら、社会に対する「マイナス価値」でしかありません。

この当たり前のことがわからない人って、馬鹿です。この当たり前のことがわかっていながら、一時的な自己実現と、一時的な金のために、せっせと働いている人って、本質的に犯罪者です。

（『Keep It Simple, Stupid VoL.2』板倉雄一郎事務所。改行は適宜調整した）

「社会貢献」を自分の理念とするかどうかはともかく、この考えは優れてアマチュア的である。自分の欲得を第一義とせず、社会的理念を「自分」の上に置いているからである。金儲けばかり考えている「プロ」など、わたしたちは見たくもないのである。

板倉氏は「勝てば官軍」と書いたあとに括弧して、「僕の最も軽蔑する考え方です」と付言し、このようにいっている。『「金だけいじくって』年に数千万、数億を稼ぐ人がいます。トヨタ自動車で、新型低エコロジーエンジンを開発し、年収数百万の人もいます。社会に対して提供した実体経済価値において、前者の人は、後者の人より、10倍も、20倍も『えらい』のでしょうか？」。このようなことを口でいうのはだれにでもできる。しかし板倉氏の言葉は信頼するに足るのである。

あるいはまた、こうもいっている。

僕は「理屈っぽい」と評されます（笑）。冗談じゃありません。僕は、多くの判断を「勘」に頼っています。頼るというか、自分の「勘」を信じています。ただそれを、他人に伝える時、「なんかいい感じなんだよね～」では、説得力がないと思うので、人に伝えるために、自分の「勘」による判断を、左脳で一生懸命、論理的に説明しようとするだけです。（略）

「なぁ～んだ、じゃあ、俺も、それでいいや、めんどくさいから」などと、それこそ「勘」違いしないでくださいね。その「勘」は、地道な学習と、失敗による経験などによって得られた「企業を見る目」の上に成り立っている「勘」ですからね。（同書）

板倉氏のいう「勘」とは膨大な知識とさまざまな経験によって支えられている。それが「企業を見る目」となっている。もちろんそれだけではない。板倉氏の本を読むと、かれの思考がいかに膨大な金融知識に支えられているかがわかる。けれど、かれの思考に信頼がおけるのは、かれがなにを人生や仕事の最終価値としているかがわかるからである。論理の有用性とその適用範囲の限界を知っているからである。アマチュアに必要なのは、人間を見る目である。それはなにを自分の価値観としているかに依り、まっとうな生き方をしているかどうかによって培《つちか》われるものだ。

「審判、わたしはアウトです」

わたしが立派な「アマチュア」だといいたいのではない。そうなりたいとは思っているが、「アマチュア」の道は厳しいのである。素人として生きていくことさえ楽ではないのに、その上を目指す「アマチュア」が楽であるはずがない。油断をすると、すぐ欲得に引っぱられ、世間の風潮に引っぱられ、「自分」にのさばりかえってしまうからである。

スポーツマンシップという言葉がある。「宣誓！　我々はスポーツマンシップに則《のっと》り、正々堂々と闘うことを誓います」というあのスポーツマンシップであるが、じつのところ、なにがスポーツマンシップなのかよくわからないのである。が、言葉だけは、なにやら爽やかで公正なイメージを持って流通している。アマチュア精神の一翼を担う概念だといってい いが、これがまたむつかしい。

スポーツマンというイメージも爽やかさを喚起してきた。が、スポーツをやっている人間がみんな、爽快で明朗で竹を割ったようなカラッとした性格のいい人間、などという迷信をいまだに信じている者はよもやいまい（斎藤佑樹君という「スポーツマン」のお手本みたいな男子が出現した。プロでは松井秀喜）。スポーツをやっているから、花が好きだから、動物が好きだから、音楽が好きだからいい人間、なんてことありうるはずがないのである。つねにエロ話をしたがるやつはバカ、というのはそのまま真実だけど。

辞書を引くと、スポーツマンシップとは「フェアプレーをし、勝負にこだわらない、明るい健康な態度・精神」とある。ではそのフェアプレーとはなにかというと、「㈠正正堂堂の試合ぶり。㈡公明正大な態度（行動）」のことである（『新明解国語辞典』）。なんだ「正正堂堂」も引かねばならないのか、と思ったが、やめた。きりがない。ようするに、ルールに則って闘う、卑怯な真似をしない、ゆえに勝負にこだわらない、ということである。ここで大事なのはこの「勝負にこだわらない」である。

とはいえ、アマチュアといえども、もちろん勝敗にはこだわる。あくまでも勝負は勝負だからである。だがそれを、なにがなんでも勝てばいいという至上の価値とは考えない。だからその上に「正正堂堂」があるのだ。それゆえにグッド・ルーザー（良き敗者）という言葉があるのである。日本人の判官贔屓《はんがんびいき》もまたそこにある。汚い勝者にはなんの価値も感動もないのである。

スポーツマンシップは基本的には有効である。順守されているといっていい。でなければ試合が成立しない。しかし、最後まで貫徹されるかとなるとかなり怪しい。肉体的接触のある競技は反則の山である。フィギュアスケートや体操やシンクロなどの採点競技でも、審査員たちにスポーツマンシップがあるかどうかいささか疑問である。自国の選手に甘く、ライバル国の選手に辛い傾向があることは明白だからである。

サッカーは「紳士のスポーツ」といわれるが、けっこう適当である（ゴルフやラグビーもまた「紳士のスポーツ」といわれる）。上手に反則をする者こそほんとうのプロ、とまでいわれたりする。「マリーシア」（ずる賢さ）は称賛される。手を使ってゴールすれば「神の手」

である。敵の反則には泡を飛ばし訴えるが、なに、今度は自分でやっているのである。笛を吹かれると、やった張本人が、見苦しくも身の潔白を訴える。相手をわざと挑発して、反則を犯させる。痛くもないのに大げさに倒れこむ。シミュレーションをやる。ひじうちをかます。「削ってやった」(タックルによって相手の身体を損傷させる)といばる。

さて、高校野球であれプロ野球であれ、九回裏、逆転サヨナラのランナーがホームベース上でクロスプレーになったとする。キャッチャーのプロテクトを見事にかいくぐってベースにタッチしてサヨナラ勝ち、かと思ったが、ほんとうをいえばベースタッチはしていなかった。だが、審判にも見えなかったのか、判定はセーフ。キャッチャーは審判に訴えるがもちろん却下。ビデオで見てもノータッチはあきらかなのに判定は覆《くつがえ》らない。そんなときである。ランナーが馬鹿正直に自己申告して、じつはタッチしていませんでした、と自らの非を認めることはあるか。一〇〇パーセントありえないのである。

解説者やアナウンサーもお仲間で、微妙ですねえだの、タッチしてないようにも見えますねえ、と口をにごすばかり。見えますねえ、じゃないのである。だれが見ても、疑う余地もなくアウトなのである。そんなときに、これは完全にアウトですね、とはっきりいう解説者などきわめてめずらしい。江本孟紀《たけのり》氏くらいか。

一生に一度でいいから、自分のミスを公然と認める選手の姿を見てみたいものである。だが、かれは選手生命を絶たれるかもしれない。監督もコーチも同僚も観客もオーナーも解説者もマスコミも、かれを世にもまれな馬鹿正直、稀代《きたい》の大ばか者と弾劾するか。たぶん、するであろう（もしかしたら賛否両論の大議論が巻き起こるかもしれない）。かれの親兄弟はどうか。よくやったと賞賛するか。唸《うな》るであろう。けれど、少なくともわたしだけは賞賛する。というより、もしそんな人間が出現したら、心の底から震撼する。

じゃあおまえはできるのか、と問われるかもしれない。たぶん、できないな。いや、ほとんど、まず絶対にできない。できる者はこの世にただのひとりも存在しないのではないか（そうともかぎらないか）。なぜできないのか。

フェアプレーというのがもともと嘘だからである。というより限界がある。勝敗に関係のない反則なら認めることができる。だが、勝つか負けるか、生きるか死ぬか、という場面では、フェアプレーなどクソくらえなのである。というか無理なのだ。もしできる者がいるのなら、かれこそが人間としての真のプロフェッショナルであろう。

メジャーリーグで筋肉増強剤の使用が問題化した。ホセ・カンセコが告白の書を書き、マクグワイアら数人ものメジャーリーガーたちが謝罪をした。松井秀喜は「言語道断」といっている。「僕もより高い確率で打球を飛ばすために、あれこれ考えたり、トレーニングを積んだりしています。でも、クスリの力を借りようとは思わない。クスリを使ってパフォーマンスを上げようという考え方は、まずスポーツマンとしてフェアではありません」(『不動心』新潮新書)。

松井はもっともスポーツマンシップの高い選手である（桑田真澄もそうである）。しかしかれに「審判。わたしはアウトです」といえるかどうか聞くべきではない。審判の判定が絶対とはいわれるが、日本では判定がたまに覆るときがある。しかし通常は、誤審したと思っても、それをいえない。選手もいえない。監督も同僚も客もいえない。人間の正義と機械の正義は一致しない。プロの限界でもアマの限界でもない。人間の限界である。

プロではとにかく勝つことが至上命令である。だが、どんな手を使っても、なにがなんでも勝てばいい、というのにも限度はあろう。汚い手を使って勝ってもわたしは全然うれしくない。いや卑怯者、衆を恃《たの》んだ相手、強大な力を持った者が相手なら別である。どんな汚い手を使ってでもそんな者は倒そうとすべきである。だが、ルールがあるなしにかかわらず、対等であるべき闘争（スポーツを含む）なら、正々堂々とやるべきである。

可能なかぎりでいいのだが、汚い勝利よりも、威風堂々とした敗北をよしとすべきである。

ビジネスのためではなく生きるための思考

ビジネスの名目的な目的はさまざまな言い方ができる。人間を幸福にするために。より豊かな社会の実現に貢献するために。自分を実現するために。人格が陶冶《とうや》できる。だがなんといおうと、ビジネスの端的な目標は金を稼ぐことである。なぜかはわからないが、会社を大きくすることだ。同業他社との競争に勝つことだ。なんのため、なんかどうでもいい。とにかく会社が大きくなればウハウハ、収益さえあがりつづければウハウハなのである。

世間やマスコミが注目するのもそこである。従業員の数によって会社規模の大中小零細が規定され、市場シェア、売上高の推移、国内外での業界ランキングが云々《うんぬん》される。東証一部上場が企業家の目標となり、成功の証《あかし》となる。そこで働き収入を得る会社員はすべてプロだといっていいが、そのなかでも抜群の稼ぎ高を誇るのが、プロ中のプロとして自他ともに承認されるエリート・プロである。営業成績ナンバーワンで、斬新な企画を創造する。次から次へとヒット作を放つ。

もちろん、組織が生き残るためには金を稼ぎつづけなければならない。組織だけではない。

その組織に依存している人間にとってもおなじである。いや、生きている人間すべてにとって金はいうまでもなく必要である。個人の生きる目的も、いい生活をすること、に集約されたりする。しかも、他人より、という前置きがつく。もちろん、そのことは勝手だ。なにを目標にしても自由である。

だが、金が妄信的な目標になると、他人や顧客や国民を騙し、ごまかし巻き上げる輩《やから》が出現する。金にまつわる犯罪のいかに多いことか。人間よりも金が価値となる。なんのための金か、がわからなくなる。金と自分。これが現在の日本を覆っている最高価値なのである。

アマチュアもビジネスのなかでは当然、組織の発展のためにつくす。そこから報酬を得ているかぎり当然のことだ。地位があがることも、積極的に望みはしないが、けっして拒否しない。地位があがればより組織に貢献する権限を得ることができるからである。

だが、それらを絶対目標には絶対にしない。最終的には心のどこかで、こんな組織なんかどうでもいいと思っている。そうでもないか。わたしだけなのか。売上成績なんかに血道をあげることはない、と思っている。部下を怒鳴りつけたり、目の色を変えて上司に食ってかかることがないわけではない。だが、それは人間としての信義にかかわるときだけである。狂気のように、成績、成績、とバカみたいな自動人形になるからではない。

金を自己目的としない。勝利を自己目的としない。戦前や終戦直後に比べると、われわれは断然豊かになったのに、逆に精神的にサバイバルを強いられているような焦燥感にとらわれている。現在の生活レベルを落としたくない、というのである。わからないではない。だが、自分の生き方が美しいか美しくないか、正当か不正か、それだけを問うのがアマチュア的思考である。もちろんそこにも限界はある。きれいごとだけではメシが食えない。だがここを外しては、アマチュアであることにはなんの意味もないのだ。

アマチュア的思考とは、世間の価値に依るものではない。自分はどのように生きるのか、を決する個人的思考である。どのような価値観を自分の価値観にするかである。なにが美しいだこの野郎、青臭えこといいやがってと、嘲笑されるかもしれない。笑わすんじゃねえよ、と蛇みたいないやーな目で見られることだろう。かまわない。自分の人生である。

見てきたように、人間には限界がある。卑怯者にならないという決意は、最後の最後で瓦解するかもしれない。自分を捨てることができるか、という最後のところで、自分を捨て切れないからである。けれども、その限界値がどのあたりになるのかは個人による。それもまた、どのように考え、どのように生きているのかによって決まるのである。

できるできない、ではない。それを知っているか、それをなそうとしているか、それが大事である。プロに負けないアマチュア的思考といいたいが、世間的な価値観でいうなら、負けるかもしれない。だがそんな勝負なら、負けてもいいのである。負けるが勝ち、などとはいわない。負けは負けである。だが、その負けはいいのである。自分自身への承認においては負けていないからである。けれどほんとうをいえば、こんな負けや勝ちはどうでもいい。このような思考、このような物語を信じ切れるか否か、なにを自分の人生の価値とするかが、プロ的思考とアマチュア的思考を分ける分岐点である。

格言10　人間的に負けることが真の敗北である。

3

こんな「プロ」はいらない

プロはなぜ必要なのか

一口にプロといってもさまざまなプロがいる。ほとんどすべての分野にプロは存在するといっていいが、大きくいえば技能系と知識系とにわけられる。技能系はスポーツ選手、芸術家（音楽家、楽器奏者、画家、作家）、医師、技術者、職人、料理人などなどで、知識系は学者、弁護士、教師、建築家、経営者、経営コンサルタントなどなどである。

社会における重要度や責任度、つまりその必須度によって、必須系と非必須系にわけることもできる。必須度という言い方は多少問題があるが、顧客（受益者）の健康・生命・財産の保全にかかわるか否かにおける必須度のことである。必須系とは政治家、医師、自衛官（軍人）、警察官、パイロット、消防官、交通機関の運転士、整備士などであり、非必須系とはそれ以外のものである。野球選手がエラーしたり、役者がとちったり、料理が多少まずくても、それによって客の生命財産が脅かされることはない。

当然ながら、これは職業のあり方でもある。技能系、知識系、必須系、非必須系のすべてにかかわる職業がある。政治・行政にかかわる者である。もうひとつ、ある。職業ではないが、親、である。それゆえにか、それゆえにでもあるまいが、親野智可等著『「プロ親」になる！――「親力」パワーアップ編』(宝島社)なる本が出版されている。なかなかの人気らしい(が、本書では「親」にふれない。「プロ親」「親力」という言葉もわたしは好まない。だって、「プロ親」の定義として、小中の教師歴二十三年の親野さん〈本名杉山さん〉は「プロの親として親力を高めている人」「プロ意識の高い親」「プロフェッショナルな親」などというんだもんなあ。完全にアウト)。

必須系の仕事に携わる者は、たんなる職業であることの上にプロとしての熟練した技量の持ち主であることが要求される。極端にいえば、いかなるミスも絶対に許されない職業である。プロフェッショナルであることがもっとも厳しく要求される職業であり、プロとしての存在意義もまさしくそこにある。

けれど、人間にミスはつきものである。プロフェッショナルだって人間である。超人ではない。納品の数量ミス、納期の遅れなど、どうしても生じる。いくら二重、三重のチェックシステムを導入しても一〇〇パーセント防ぎきれるものではない。完全な物理の世界でなら一〇〇パーセントの完全性はあるかもしれないが、機械にだって誤作動はある。飛行機は墜ちる。車は燃え上がる。技術の粋を集めたF1レーシングカーもエンストする。パソコンはダウンする。人間の手が介在しているからである。

プロが目指すのは仕事や技量の完全性である。しかし人間であるかぎり「絶対」や「完全」はありえない。半端なプロはそれを弁解にも言い訳にも使う。オレたちだって人間だ、間違うこともあるさ、と。それはそうである。だが、そんな弁解では済まされない、絶対に許されてはならないミスがある。欠陥車、欠陥製品・食品、人命にかかわる医療、薬、建築、公共交通機関などで生じる取り返しのつかないミスである。だから真のプロフェッショナルはつねに一〇〇パーセントを目指すのである。それがこれら必須系(だけではないが)の職業に携わるプロに課せられた責務である。かれらは言い訳はしない。人間の矛盾や限界と闘う者である。驚異的、といっていい。

本物のプロフェッショナルに対しては謙虚に

ただし通常、わたしたちが日常的に親しみ驚嘆するのは、技能系・非必須系のプロたちの技である。人間は長年の修練と経験でここまでなれるのかと、それはもう信じられないほどの技能の持ち主たちがいる。

芸術家（画家、音楽家）、スポーツ選手、伝統職人（宮大工、鍛冶《かじ》、漆器職人、鳶《とび》、時計職人、磨き職人）、登山家、学者などなど。バイク・トライアル、中国雑技団、アンドリュー・ワイエスのスーパーリアリズム。パコ・デ・ルシア、アル・ディ・メオラ、ジョン・マクラフリンの『フライデイナイト・イン・サンフランシスコ――スーパー・ギター・トリオ・ライブ』を聴くと、その超絶ギター技巧の凄まじさに驚倒する。

棋士もまた凄まじい。かれらは将棋盤がなくても頭のなかで将棋ができる。指し終わった将棋をまた初手から再現できる。プロ棋士は何手先まで読むことができるのかと問われて、羽生善治名人は「一時間ぐらい考えれば、五百手か千手、二千手と読むことができる」といっている。将棋はふつう百五十手も指せば対局は終わるものである。短いものでは百手以内で決着がつくこともある。それがわずか一手を指すのに「五百手か千手、二千手と読むことができる」というのである（『決断力』角川ｏｎｅテーマ21、以下同じ）。

また将棋に特徴的なことに長考がある。単純に、一手を指すのに長く考えることである。羽生は「（長考は）一つの局面で一時間、二時間、三時間と考える」といっているが、長考することで有名な（だった）加藤一二三《ひふみ》という棋士は、最初の一手を指すのにいきなり一時間も二時間も考えたりしたのである。もう意味がわからない。選択肢は、飛車道をあけるか角道をあけるかの二手しかない（あと、奇手としては端歩をつく）にもかかわらずである。

羽生の棋士としての自信を示す発言がある。「もし、私が将棋の神様と対局したら、香落ちでは木っ端みじんにやられてしまう。角落ちでやっと勝たせてもらえるだろう。未知の領域はまさに無限の世界なのだ」。すごい自信である。将棋の神様にはどうやっても絶対に勝てない、というのではない。角落ちでなら勝てるだろう、というのである。

松井秀喜の話もまた、プロのすごさを物語っている。かれはスランプに陥ったとき、自分のビデオを見たり、コーチにアドバイスを受けたりして、フォームなどのチェックをする。「そうして、細かい部分を変えたり、修正したりしていくうちに、僕の場合はボールの見え方が多少、変わってくるんです。ボールが、しっかりと引き込めるように見えてくる。例えば同じ球でも、○・○○何秒か長く見えているような感覚になるんです。そしてボールを長く見られる余裕が生まれる分だけ、しっかり振れる」（『不動心』）。

この感覚は想像がつかない。「○・○○何秒」である。わたしたちはもう素直に感嘆すればよい。外角低め地面すれすれに落ちていくボールをカットするように流してヒットにするイチローの技術など、まさしくプロフェッショナルの真骨頂である（松坂大輔がヤンキースに打ち崩されながら「ヤンキース相手に投げられて幸せだった」などと甘いことをいったのはいただけない)。

アマチュアを称揚することは、プロなんてたいしたもんじゃない、とのぼせあがることではない。たしかにロクでもないプロはごろごろいるが、本物のプロフェッショナルに対しては素直に賞賛すればよいのである。ただし参考までにいっておきたい。わたしの「アマチュア論」によれば、松井秀喜とイチローを比べれば当然、松井のほうが上である。野茂英雄と松坂大輔を比べれば、もちろん松坂は野茂に遠く及ばない。

プロプロとうるさいぞプロ

本書は超人的な技能・知識を誇る「プロ」の世界に、「人間」という視点を導入して「プロ」という概念を拡張している。必然的に、「アマチュア」という概念をも拡張している。それは世のプロに助けられたり、プロの力業を享受して人生が豊かになるという他人事《ひとごと》としてだけではなく、自分にとって「プロ」とはなんなのか、というように個人の問題として考えたいからである。

ところが、なーにがプロだ、このアホが、といいたくなるような「プロ」がいる。

「日本一美しいキャンパス」があるという神戸女学院大学に勤務する内田樹《たつる》氏がこのようなことを書いている。数年前、大学の財政再建のための「財政再建委員会」が開かれた。一年ほどかけて議論が交わされたが秘策は見つからず、やむなく「某シンクタンク」の「S総研」に再建策が「丸投げ」された。さて半年後、そのS総研から提言がなされた。その「骨子」はこうであったという。

「資産価値ゼロ」の校舎と、かの「日本一美しいキャンパス」を売却して、「三田《さんだ》あたりの山中に広大な敷地を購入し、ハイパーモダーンな鉄筋キャンパスを建てるべし」。これを聞いて、ある教員は「ふざけたことを言うな」と凄み、「大学をなめるな。二千万円返せ」と「机を叩いた」のは内田樹氏である。S総研は二千万円のコンサルタント料を大学に請求したとされている（『態度が悪くてすみません』角川oneテーマ21）。

同情を禁じえない。提言内容もそうなのだろうが、こんなやらずぼったくりの「シンクタンク」にひっかかったことが、である。いや、S総研は経済合理性に基づいてまじめに仕事をしたのかもしれぬ。それはわからん。わからんが、大学と企業ではあまりにも依《よ》って立つ価値基準がちがいすぎた。しかしそんなこともわからずに、ただ経済合理性だけで提言を塗り固めたのでは、やはりプロ失格といわざるをえないであろう。大学側（理事会？）もまた

「プロ」過信なのではないか。

プロがいかがわしいのは建築士の耐震強度偽装問題でもあきらかになった。警察、教師、医者、官僚、政治家、企業家、民間での不祥事はあとをたたない。いまやほとんどの「プロ」がプロ失格の時代である。プロがインフレを起こしているのだ。いや、あんなやつらはほんとのプロじゃない、という意見があるだろう。わたしもそう思う。だが、そんなこんなの連中がプロとして世の中に通用していたこともまた事実であり、そういう虚仮《こけ》脅《おど》しの「プロ」は依然として世のあちこちに今でもはびこっているはずである。

村上ファンドの村上世彰《よしあき》氏は逮捕前の弁明会見で、やたらに「プロ中のプロ」という言葉を連発した。自分は投資に関しては「プロ中のプロ」だと自任していた、というように。その「プロ中のプロ」である自分が「ミステイク」をした。そのことは認めざるをえない、と潔さを演出したのである。マスコミは策士策に溺れる、と書いたが、猿も木から落ちる、弘法も筆のあやまり、上手の手から水が漏れる、か。それとも、おごれる平家久しからず、か(その後の裁判でかれは、記者会見で、自分がミスをしたといったのは話をわかりやすくするための嘘だった、と弁解している)。

が、上には上がいるというか、下には下がいるというのか、この記者会見を見た糸山英太郎氏は自身のホームページで、このように書いていたのである（今もあるかどうかは不明。書き留めておいた）。「雑な投資をした挙句《あげく》逮捕された役人上がりの男が、投資のプロであるはずがなかろう、究極のプロである私が言うのだから間違いない」「笑わせるな」と。なにが糸山氏をそこまで怒らせたのかはわからないが、「笑わせるな」という言葉はかれにも返っていくのではないか。

まあ、だれが「プロ」であろうとどうでもいいが、それにしてもだれもかれも、なぜ「オレこそがプロだ」と自分でいいたがるのだろう。「究極のプロ」って、なにが「究極」なのか。いったもん勝ちか。きっとどこかに「オレこそが史上最強のプロ」「オレこそが真実のプロ」「オレが正真正銘のプロ」と自称している者がいることであろう。自称は恥ずかしい、という神経はかれらにはなさそうである。

自分に自信のない「プロ」はだめである。だがその「プロ」性に疑問を持ちつづけることのできない「プロ」もだめである。自分で、オレは「プロ中のプロ」だとか、「究極のプロ」だ、などという人間はやはりおかしいだろう。

「プロ」なんていう言葉を自称することからもっとも遠いと思われる分野、そのなかでもさらにもっとも遠いと思われる人物から、「プロ」なんて言葉がでてくるのは聞きたくないものである。ところが、加藤典洋《のりひろ》氏までもが『小説の未来』の「あとがき」にこんなことを書いている。かれはそれまで大学でやっていた花田清輝《きよてる》、中野重治《しげはる》、太宰治といった声価の定まった作家の作品を読むという授業を九〇年代末に一新し、「九〇年代以降の声価の定まっていない新しい小説家の作品を、学生とともに読む授業に変えた」。というのも――

ほぼまったく小説を読まない彼らに、その面白さ、その現代性を伝える、そしてその過程で、とことん鍛え、プロフェッショナルの読み方のおそろしさをわからせる、そういう授業をやってみたいというのが動機だった。

（『小説の未来』朝日新聞社）

まさか、あの万事に謙虚かつ繊細（？）な加藤氏の口から、「プロフェッショナルの読み方のおそろしさをわからせる」なんていう情けない言葉を聞こうとは思わなかった。それともこれはただのイロニーなのか。

とにかく同時代の日本の小説ってこんなに面白いのか、と文学音痴の彼らを驚倒させなければならない。しっかりした、面白い切り口をもつ、ともかく素人とは段違いの読解

（？）をショーウインドウに用意しないと、彼らはすぐにも「ケータイ」の小宇宙に帰っていってしまう。

（同書）

同書を読んでみれば（『テクストから遠く離れて』講談社、でもよい）、たしかに加藤氏の「読み方」は「素人とは段違いの読解」である。押しも押されもしない文芸批評の「プロフェッショナル」であることは認めていい。だが、それにしても「プロフェッショナルの読み方のおそろしさ」か。世間では「プロ」「プロ」とかまびすしいが、文芸批評という分野にも本物の「プロ」がいるよ、ということか。加藤氏の言葉がわたしにはとてつもなく恥ずかしい。学生相手というのも恥ずかしい。まあ、わたしの恥ずかしさなんかどうでもいいが、自分で「プロフェッショナル」なんていうなよ。

「わたしらプロですよ」

最近、一般のひとにあなたも本の出版ができますよ、と謳《うた》って原稿を募り、商売をする出版社が増えてきた。その広告には大概《たいがい》、このようなことが書かれている。「二週間程度で、プロのスタッフが原稿を読み込み、感想と出版提案書を無料でお送りいたします。原稿を返却希望の場合は着払いとなります」（実際の新聞広告）。

この「出版提案書」とはなにか。以前見た新聞広告だと、その原稿の出版価値に応じて、出版社側が費用を完全に負担する企画本（A提案）、著者と費用を折半する本（B提案）、著者側が出版費用を全額負担する本（C提案）なる段階が記されていた。なかにはISBNを付して、一回はかならず本屋に配本される、という謳い文句を強調して、応募者の気持ちをくすぐる会社もある。実際にそうなのだろうけど。

じつをいうと、このような新商売がではじめたころ（十五年ほど前になるか）、わたしも一度原稿を送ってみたことがある。B提案がもたらされたが、わたしは自分の金を一円でもだす気がなかったから、もちろん断った。たしか「内容の質はいいのだが、ジャンル的にはきびしいので」みたいな「感想」がつけられていたと記憶する。

自費出版という方式は昔からあった。自分の本をだしたい、という希望があるのをわたしは痛いほどに理解する。これはそのような欲求につけこむ新商売であると思われる。おわかりだろうが、出版社は絶対に損をしないようにできている。A、B、Cそれぞれの割合がどうなっているかはわからないが、ほとんどの場合がCであることは自明であろう。それとも応募者のプライドをくすぐって、B提案を提示しながら、実質はCなのか。

まあ、そんなことはどうでもよくはないのだが、どうでもいい。問題は「プロのスタッフが原稿を読み込み」というところの「プロ」の中身である。たぶん「編集のプロ」といいたいのだろう。その「プロ」があなたの原稿を評価しますので、当社の判定には間違いがありません、といいたいのだろう。もちろん権威づけ（オーソライズ）のためである。

だが、応募者からは姿かたちの見えない「プロ」である。察するところ、その会社の社員で、ただそれを職業にしているという意味だけでの「プロ」である。たぶんその実体は、まだ若いお兄ちゃんお姉ちゃんのなんちゃって「プロ」にちがいない。ちゃんと双方の合意のもとで成立している商売にわたしがとやかくいうこともないのだが、このような「プロ」という言葉の使い方は感心しない。感心しないが、こういう使用法が多いのである。

格言11 「プロ」に偽者の「プロ」はゴマンといる。だが、アマチュアに偽者はいない。アマチュアは本物ばかりである。

こういう新聞記事があった。Aさんが引っ越しの見積もりをとった。電話だけのやりとりで業者が即座に見積額をだしたから、不安に思ったAさんは、実際に荷物を見ないで大丈夫かと聞いたところ、「プロだから大丈夫」と業者がいった。ところが、引っ越しが済んで実際に請求された額を見ると見積額よりかなり「高額」だった。Aさんがおかしいではないかと問いただすと、そのプロ業者は「見積もりはあくまでも見込み」でしかなく、「見積もりで予想していたより荷物が多かった。あの程度の住宅にあんなにたくさん荷物を持っているのは非常識」などなど、逆に開き直ったというのである（『毎日新聞』二〇〇七・2・23）。

まあ、ふざけた連中である。もちろん、こんな連中が「プロ」でないのはいうまでもない。というより、最初からこんな詐欺まがいの商売をする「プロ」業者なわけである。が、こんな自称「プロ」が世にはびこっているのはご承知のとおりである。「プロ」は自称するものではない。**格言1**で書いたように、自称「プロ」にろくな者はいない。だれかが書いていたが「恩は着るものである」。恩を着せようとする者にこれまたろくな者がいないのと同様である。ほんとうの「プロ」は、仕事が終わったあとに、依頼主や周囲から「さすがプロ」といわれるのである。

ちなみに、こういう場合、「標準引越運送約款」によって、「見積額より実際の費用が多かった場合は、増額して請求することは認められていない」。したがって「Aさんに落ち度はなく、業者は見積額分しか請求できない」。当たり前である。

昔、家を探していたときにいくつかの不動産屋を回ったことがある。そのうちのひとつ、従業員が十人ほどいたかなり大きめの不動産屋に行ったときのことである。物件がぎっしり詰まったファイルを一、二冊見せられ、そのなかからいくつかの物件を提示された。だが地の利、間取り、価格がいずれも帯に短し襷《たすき》に長しでしっくりとせず、わたしは現物を見るまでもないなと思い、申し訳ないが結構、失礼しました、と辞去しようとした。

するとですね、そこの社長らしき男が、逃してなるものかとばかりに鼻息荒く、提示した物件を実際に現地まで行って見るよう勧めてきたのである。今にも有無をいわさず車で案内をしそうな勢いなのである。まあ、たしかにそのまま帰ったのでは、結果的にわたしはひやかしの客になるのであった。このまま帰られたのでは社員の手前沽券《こけん》にかかわると、その社長がエキサイトした（?）のも無理はなかったというべきか。

だが、わたしはカチンときた。いやいやいや結構。客であるわたしがいいといっておるのだから、話はもうそこでお仕舞いでしょうが、と。すると、その社長がいったのである。「お客さん、わたしらプロですよ」と。で、ふだん、こんな温厚な人間がこの世にいていいものだろうかと思われるほどに温厚なわたしは、その瞬間、「プロなんか関係あるか！」云々《うんぬん》かんぬんと怒鳴り散らした挙句、憤然として店をでたのである。なんだ「プロ」って。

社長、そりゃあなた、使い方を間違っている。
「プロ」といえば、素人が黙ると思ったら大間違いである。その分野ではズブの素人である
われわれが、かれらを「プロ」と認めなければ、そんなもの認める必要はまったくないので
ある。そして、かれらが信頼に値するか否かは、本題に入るまでもなく、その態度、言葉遣
い、表情などでほとんど判断できるのである。かれらは「プロ」が仕事をするのではない、
人間がするのだ、ということをわかっていない。

格言12　プロはひとから評価されてはじめてプロである。

ああ情けない、国会議員の質疑

マンション強度偽装事件で元建築士の国会証人喚問が行われたときに、質問に立った自民党議員がまあ、まれに見るアホだった。まれではないのか。自分がいかにこの偽装問題を勉強したかをテレビ中継で披露したくてたまらないらしく、質問の時間よりも、そっちのほうにほとんどの時間を費やしたのである。たまたま（でもないか）会社をさぼっていたわたしは（職業人失格でごめん）、その平日の午前の生中継を見ていたのだが、いったいこんなぼん

くらを質問者として選んだのはどこのどいつだ、と腹が立ってしようがなかった。

その自民党議員は証人を前にしながら、これまでの事件の過程をなぞったり、自分の感想を滔々《とうとう》と話して大半の時間を浪費したのである。証人尋問をしている自分、という姿に酔ってうれしくてしようがなかったのである。選挙区のみなさん、これがわたしです、あなたの代表であります、と舞い上がり、尋問者としての役割や、自分がやっていることの意味がまったくわかっていなかったのである。尋問されていた姉歯証人自身がきょとんとしていたくらいである。

「国会証人喚問」と聞けば、言葉は大げさだが、やっていることはじつに馬鹿馬鹿しい。ごく一部を除けば、じつに幼稚な議員ばかりである。これが「プロ」の政治家なのである。予算委員会の質疑も党首討論でもそうではないか。あれを見ていて、さすがだ、と思ったひとはいるのだろうか。

柳沢厚労相の「女性は産む機械」発言はたしかに軽率かつ不用意であった。が、これを千載一遇のチャンスとつかまえた辻本清美議員が、「日本の全女性を代表して」と前ふりをして抗議したのは、相変わらずであった。だれがいつ彼女に、日本国全女性代表権を与えたというのだ。柳沢厚労相は軽率だが彼女ほど無神経ではない。まだ幾本かの神経があったからこそ、不用意発言をした直後、頭に「！」と明かりがついて補正しようとしたのだ。辻本清美議員はその点、無神経である。ある面では過敏神経的だが、言葉に関しては無神経である。

故・松岡利勝農水相の事務所経費問題には、みなさん、うんざりされたことであろう。追及の言葉と弁解の言葉がまるで素人のやりとりであった。松岡氏には政治家としての誇りも意地もあったもんじゃなかったのである。なんとか還元水というインチキな言い訳を考えだした役人にも、松岡氏を庇《かば》いだてした安倍首相以下にも、あるのはただの「立場」だけであった。自殺したことにはびっくりしたが、「審判、わたしはアウトです」とはやはりわたしたちにはいえないのか。

政治家ではないが、こういう「プロ」もいやである。自分の発言の間違いが露見して形勢不利と見るや、「じゃあ、どうすればいい！」と逆ギレして優位に立とうとしたり、たったひとりの議員の発言をとらえて、「だから○○党はだめなんだ！」と声を荒げ、なにも食べていないのに咀嚼《そしゃく》しているようなアゴの動きをして、アゴ横の米食い筋肉をピクピクさせる司会者。田原総一朗のことなんだけどね。政治の裏事情に通じ、だれからも一目置かれているという自分がうれしくてたまらないらしいのだが、自分が不利になると「国民」や他人に責任転嫁をしようとする根性が見苦しい。

こいつらもまた信用できない

官が官なら民も民である。もうみんな日本人である以上、官も民もない。

損害保険大手の三井住友海上火災保険で、医療保険の保険金不払いが約千件あった。「契約時に申告した病歴に不備がある」などと請求者（契約者）に難癖をつけたのである。ほかにも、自動車保険の特約部分の不払いは約三万件（のち四万件に修正）を超えた。同社は金融庁から、損保商品の新規契約の二週間停止、医療保険の新規販売の無期限停止などの処分を受けた。不払い総額は約二十七億円である（『毎日新聞』二〇〇六・6・21）。

そして、これまたよく見なれた光景で、首脳陣三人が雁首を並べ、テレビカメラの前で頭を下げたのである。こんな頭を下げる図をもう何十回見たことか。

保険会社の不払いは、二〇〇五年の明治安田生命に端を発している。千件を超える不払いで新規契約の二週間停止、新商品販売の無期限停止の処分を受けた。その後も、損保二十六社で八十四億円の不払い、二〇〇六年五月には損保ジャパンで不払いや保険契約の水増しが発覚し、処分を受けたばかりである。

翌日の記事は、「利益最優先」「営業至上主義の業界体質」「業績に直接つながらない支払い部門は人員整理のターゲット」「顧客を顧みない利益追求は契約者軽視の体質に」「経営陣から社員に至る問題意識の低さ」と書いて、業界全体の体質を指弾している（同、二〇〇六・6・22）。その後、二〇〇七年になってまたまた、ほぼすべての大手生命保険会社の保険金未払いが数十万件も露見した。もう開いた口がふさがらない。

保険商品は、保険の商品名が商品なのではない。保険金の支払いこそが商品である。顧客満足がビジネスにおけるプロの第一条件だとするなら、まさにプロ失格である。いや、そんなこと以前の話である。この大量不払いは悪質すぎる。

レストランで注文した料理がでてこない、本屋で本を買ったら本を渡してくれない。保険金不払いとはそういう問題である。甘言を弄《ろう》して客から金を集めるだけ集めておいて、商品はごねて渡さないというのだから、最低の連中である。契約時には、「おまかせください。わたくしどもは保険のプロですから」とでもいったか。人間としてド素人の度がすぎるのである。

（1）それを職業として報酬を得ながら、（2）それに相応する責任など知ったことではないのである。やらずぼったくりである。（2）の顧客に対する責任をテーブルから蹴落とし、その代わりに厚顔にも、自社の成績、利益、増収を置いたのである。なんの理想も理念もない最低の連中である。

そんなところへ、社会保険庁の年金データ管理ハチャメチャ問題である。史上最低のお役所である。そこへ今度は「コムスン」の介護報酬不正受給問題。さらに追い打ちをかけて「NOVA」の、客より利益主義である。

グッドウィル・グループ会長の折口雅博氏は『「プロ経営者」の条件』(徳間書店)のなかで「会社の存在意義とは、会社に関わるすべての人たちに良い影響を与えることです」といっている。「グッドウィル・グループ十訓」なるものもあって、その一番目は「お客様の立場に立て、究極の満足を与えよ」、十番目は「正しくないことをするな、常に正しいほうを選べ」である。

しかし、社訓を決めたからといって、それで終わりなのではない。毎朝、唱和しているからといって、大丈夫なのではない。周知徹底されて実行にうつされなければ、そんなものはなんの意味もないただの空《から》念仏にすぎない。かえって悪質な欺瞞《ぎまん》となる。ただ、問題なのは事業者だけではない。介護保険制度にも問題があるのではないか。もちろん「コムスン」の不正は許されるものではない。だが介護保険制度自体がその労働に対して、「リーズナブル」

な収益が得られるような制度になっていないのではないか。厚労省は居丈高だが、官も民もどっちもどっちである。その間で、少ない報酬で過重な労働を強いられているのが現場の介護士たちである。いつも割を食うのは現場なのだ。

「町の運送屋を舐めるなよ」

池井戸潤氏の『空飛ぶタイヤ』（実業之日本社）は、旧財閥系M自動車のリコール隠しに材を取った小説である（小説では「ホープ自動車」）。整備不良車から外れたタイヤが主婦の命を奪ったとの汚名を着せられた小さな運送会社の社長が、「ハブ」という部品の欠陥をひた隠しにする大企業を相手に孤軍奮闘するのだが、その姿にいたく感動した。国家相手に闘う税理士を描いた高杉良『不撓不屈』（新潮文庫）以来の感動である。

この小説のなかにも、会社の利益と自分の立身と保身だけを頭上に戴く似非《えせ》「プロ」の大企業社員や大銀行の行員と、正義と職業倫理を戴く本物の「プロフェッショナル」の主人公（赤松）や銀行員や刑事との対比がある。懸命に働く現場と、それを意のままに動かそうとするトップがいる。口先だけの「顧客第一」がある。

赤松が闘う相手は、「〝ホープにあらずば人にあらず〟といって憚《はばか》らない傲岸不遜な資本集団」、「課長と係長を一緒に接待しただけで、『オレを愚弄するのか』と課長がヘソを曲げるほど階級意識の強い」硬直した企業である。それを池井戸氏は「罪罰系迷門企業」と書いている。社内でも部同士の間で対立が表面化する。

かれらのひとりが同僚にいう。「(略)お客様のために、なんてキャンペーンは、外部へ向けたプロパガンダに過ぎない。不都合があればリコールするのが当然だなんて安直な発想で自動車会社を経営できると思ってるのか」。

「融通が利かないな、販売部は。顧客の利益より社益を考えて動いたらどうだ」
「お客様第一の社長訓示を忘れたか」
自分も赤松に対して無視を決め込んだことも忘れて沢田はせせら笑った。もとより、沢田とて、顧客第一だとは思っていない。さらにいうと、社益ではなく、考えているのは販売部の利益、つまりは自分たちだけの利益だけだ。(同書)

車両検査のために「ハブ」をホープ自動車に取られた赤松は、その返還を求める交渉の席で「中小企業ってのは、いつも崖っぷちを歩いてるんだぜ」と声を荒げるが、ホープ社員にとっては、そんなケチな会社が潰れようと痛くもかゆくもない。むしろ潰れてくれ、とさえ思っている。そうなれば、煩わしいクレームから解放される。

犯罪企業だということで融資打ち切りを通告してくる銀行。赤松が、それでは会社が「行き詰まる」と窮状を訴えるが、「社長、何か勘違いしていらっしゃるようですね。行き詰まるかどうかは御社の問題でしょう？　銀行は貸すか貸さないかを決めるだけのことですから」とけんもほろろ。「お前らは単なる金貸しか」といい返す言葉もむなしい（他方、まっとうな銀行員も描かれている）。

ホープ側は証拠隠匿《いんとく》のために「ハブ」を密《ひそ》かに処分し、赤松のクレームを封じ込むために一億円の補償金を申し出る。主要取引先からも契約を解除され、銀行融資も断られた赤松は悩むが、結局これを断る。ホープの担当者沢田はありえないことを聞いたというように、耳を疑い、凍りつく。「驚愕」し「狼狽」する。だって倒産寸前の会社に一億円なのだ。しかし補償金は受け取ってもらわなければ困る。いくらなら受け取ってもらえるのかとすがるように訊く。「金の問題じゃないよ、あんた」と赤松は答えるのである。

帰路、沢田の頭のなかで「莫迦だ。大莫迦だ」「断るか？　こんなおいしい提案を！」という言葉が渦巻く。

「生き方が違うんだ」

沢田には、赤松の生き方は愚かとしか思えなかった。先の見えない能なし経営者そのものだ。実力もないのに親から受け継いだ会社を経営しているぼんくら社長である。

「やっぱり莫迦だ」

（同書）

金で人間が動くと思っている人間には、金で動かない人間が理解できない。「生き方が違うんだ」と思ったところまでは沢田をほめてやりたい。が結局は、自分が理解できない人間は「やっぱり莫迦だ」と結論づけるところに沢田の限界が表れている。そのように自分に言い聞かせないと、人間は金で動くと信じている自分のほうが「莫迦」になってしまうからである。

小説のなかに、赤松の「中小企業だと思って舐《な》めんなよ」「町の運送屋を舐めるなよ」という胸のすく啖呵《たんか》がでてくる。我田引水がすぎようが、「アマチュアを舐めんなよ」とわたしには聞こえたのである。

もちろん大企業が似非プロで、中小企業がプロフェッショナルだといいたいのではない。そんなばかなことはない。大企業のなかにも健全な「アマチュアリズム」を持っているプロ社員はいるだろう。その反対に、中小のなかにも、オレは叩き上げの「プロ」だとのぼせあがっているド素人社長がいるだろう。豚肉やくず肉を混入させて牛ミンチと偽ってきた食品加工卸会社はワンマン経営で、役員を身内だけで固めた典型的な同族会社である。役員報酬五千万、役員の退職金八千万ということで、家族だけで利益の大半を独占していたようである。このような会社はめずらしくない。むしろ、ふつうである。

なにが「アマチュアリズム」だ、オレは金が欲しい、出世もしたい、というのであろう。だがかれらは誤解している。「アマチュアリズム」は金儲けや出世とけっして対立しないのである。結局、「生き方が違うんだ」である。「プロ」も「アマ」も、あくまでも個人の資質の問題である。

「治療費全額返すから、もう来るな」

顧客に対する責任の上に、自分の感情、沽券《こけん》、プライドを置く「プロ」もいる。二〇〇六年、米原万里《よねはらまり》が亡くなった。卵巣癌の摘出後、担当医は彼女に「体力回復を待って開腹し転移の恐れがある卵巣残部、子宮、腹腔内リンパ節、腹膜を全摘し、進行期を確認した上で抗癌剤治療を行うと主張」した。米原はセカンド・オピニオンを求めたいと返事をしたところ、担当医は「そのための診療情報の提供を」「頑強に拒んだ」のである。米原は「J医大O医師から手紙を書いてもらい、ようやくデータを得ることができた」。米原はその担当医には「今後一切関わるまいと心に決めた」。

近藤誠医師の『患者よ、がんと闘うな』(文春文庫)に影響を受けていた米原は、J医大で、「何もせずに様子見」という選択肢を選んだ。しかしそれでも「座して死を待つほどに達観していない私は、必死で他の治療法を求めた」。J医大で各種検査を続けるかたわら、代替治療といわれるものを模索した。

そのひとつ。血液の酸毒化を抑制する森下式食餌療法《しょくじりょうほう》。森下敬一博士主宰のお茶の水クリニックに行く。「食餌療法と吸玉療法を徹底してやれば、半年後には完治するだろう」といわれ、一〇万円を軽く超える強化食品と薬草茶数種を処方された。

もうひとつ。「癌細胞が熱に弱いことを利用した温熱療法(ハイパーサーミア)」を試すべく、今度は千代田クリニックに行った。「治療時間は一時間弱。患部のある箇所の上下両面から液体の入ったマットを当て、これを徐々に温めていく。三九℃で私は音を上げた。脂肪が熱によって捻転していく痛みに耐えられなくなったのだ」。

施術後、米原が院長に部分麻酔は使えないのだろうかと尋ねると、あろうことか「貴女には向かない治療法だから、もう来るな。払った費用は全額返す」といわれたのである。その院長は「患者に治療法について云々されることが我慢ならない性格」だったらしい、と控えめに書いている米原が痛ましい。

もうひとつある。「注射針で全身の治療ポイントを浅く刺して副交感神経を刺激」することによりリンパ球を増やす「刺絡《しらく》療法」。しかし、八回ほど治療を受けたあと、その「効果に疑問を持った」米原はまた医師に質問をした。それがこのような問答になった。

「私は幸運な七〇％以上（リンパ球・球数がある割合以上になると七〇％以上の人が快方に向かうという検査データ……引用者注）の人々には入らないのでは」と問うと、「平均すると増えていくものなんだ」「平均と言っても私の場合はどうなんです」「科学は平均を基準に置くんだ」「医学は応用科学ですから、個別具体的な患者に合わせて適用されるのでは」「いちいちこちらの治療にいちゃもんをつける患者は初めてだ。治療費全額返すから、もう来るな」
（米原万里『打ちのめされるようなすごい本』文藝春秋）

これはなんなのだろう。金を返すからもう来るな。方向は逆だが、万引きが見つかった者がいう「金は払うから文句ないだろ」とおなじ理屈ではないか。「金返せ！」といわれる前に、自分から返した実例か。自分がやったことの責任なんか素っ飛ばしているのである。返す前に治せ。ね、生き方の見苦しい者はロジックも狂うのだ。人間としてのド素人でしかない「プロ」はかくも無意味な存在である。無意味どころか有害でさえある。

それでも気の優しかった米原はかれらを弾劾しなかった。少なくとも文字の上では。「効く人もいるのだろうが、私には逆効果だった」というように気を遣っている。結局彼女は、J医大で抗癌剤治療を受けるしかなかった。「覚悟はしていたが、抗癌剤治療を受けた直後の一週間は凄まじい嘔吐と吐き気に襲われ、死にたいと思うほどに辛かった。三週間以上が経過している今も未だに後遺症に苦しんでいる」。

それでも腫瘍マーカーの数値が激減したことに自信を深めた担当医は、彼女のそんな苦しみを知ってか知らずか、二回目の投与を米原に勧める。「しかし、この体力では、癌が壊滅する前に私自身が壊滅しそう。それよりも何よりも、あの苦痛を再び被るのは嫌だ。恐怖だ」。

患者の心、医者知らず。いったいなんのための「プロ」か。患者の苦痛よりも数値が大事。いったいなんのための患者の生命か。

「プロ」という言葉、存在に恐れ入らない

たしかに本物のプロフェッショナルはいる。断じて、いる。その専門的な知識や技量は、認めるべきところはきちんと認めればよい。けれど、かれらもあなたとおなじ人間である、という考えはけっして失わないこと。かれらにも喜怒哀楽や保身や利己心や自尊心はある。つまり「快感原則」はある。存在自体がプロフェッショナルなわけではない。

ある分野ではどんなに優れたプロでも、「自分」に執着したり、自分に酔いしれて「自分」の利害や感情をすべての頂点に置くような者は、人間としてはズブの素人であるといわなければならない。「自分」のことしか考えず、客のことなど二の次である。公平、正しさ、美、責任といった理念・イデアを「自分」の上に置かないかぎり、人間としての成長はない。いったいなんのための「プロ」か。だれのための「プロ」か。それを問わない者に「プロ」としての成長はない。

自衛官からの機密情報漏洩が止まらない。エロ写真とともに流出して大笑いである。新聞を開けば、「前橋地検検事がセクハラで辞職」である。すぐその下に仲良く「医科歯科大医師痴漢容疑で逮捕」である。二日後には「国土交通省の課長補佐逮捕児童買春容疑」である。周囲に訊いてみれば、これがたいてい生真面目《き》で仕事熱心なのだ。もうだれもおどろきはしない。もちろん「プロ」もひとの子である、と擁護してもなんの慰めにもなりはしない。債権取り立てのやくざだって仕事熱心なのだ。

本物のプロフェッショナルを尊重することは当然である。けれども「プロ」や「専門家」という言葉や存在に、必要以上に恐れ入らないことである。必要以上に信頼しすぎないことである。「必要」かそうでないかを決めるのは、人間のアマチュアとしての自分の力量である。誤解のないようにいっておきたいが、「プロ」といわれている人間も、人間としてはただの素人でしかない、と殊更に貶《おとし》めようとしているのではない。

4

こんな素人もいらない

人間としてのド素人は罪である

アマチュアは素人ではない。それなりに成熟している。が、素人でないことを鼻にかけてはならない。それでも、たかがアマチュアなのだから。アマチュアはプロではない。とはいえ、本物のプロフェッショナルを尊敬することは当然だが、プロという名称に恐れ入ってはならない。プロを自任する者の大半は、自称プロでしかないのだから。「プロ」という称号に憧れる必要もない。幻影にすぎないのだから。プロの職人などいない。優秀な職人がいるだけである。

ところで、人間としての素人には二種類ある。

ひとつは、常識を疑わず、自分の利益に反しないかぎり世間の道徳に従い、ゴシップが好きで、おしゃべりで、それでいて日々の仕事だけは堅実にこなす、というようなひとである。庶民であり、単純に善人であり、自民党支持者であり、世間のひとである。他人には厳しいが、自分には甘いひとである。それでいて人情家でもある。

最悪なのはもう片方、思い上がった人間としてのド素人である。素人以下の箸にも棒にもかからない人間である。かれらには判断（評価）基準が「自分」にしかない。自分の浅い感情、自分の恥知らずの欲望、自分の微量の知識と経験のなかに自足しているから、それに収まりきれないものが理解できないし、理解するつもりもない。社会性が未熟なままの非寛容なド素人。当然、他人のことなど知ったことではなく、自分自身がすべての頂点なのである。すこしでも他人や他の価値を理解しようと思ったことがあれば、とっくの昔にそんなド素人から脱却しているはずなのだ。

教養や知識を身につけることは、人間の素人から人間のアマチュアになるための基礎作業である。教養や知識は、本に書かれていることだけを意味するのではない。文字だけでは当然偏頗《へんぱ》である。経験もまた立派な教養や知識の源泉である。たとえ学歴はなくても、仕事一筋のひとで考え方や生き方が見事なひとがいるではないか。はるかにアマチュアの域を超えた、人間としてのプロフェッショナルである。聖人という言葉は非現実的だが、たしかに歴史上にそういうひとはいたのである。今もいるはずである。

わたしたち凡人は聖人など望むべくもない。より良きアマチュアになることができるなら申し分ない。人間としての素人ならまだいい。しかし、人間としてのド素人であることは罪である。組織の権限をカサに着て業者を引きずり回す公務員や会社員。従業員を家来としてしか見ず、イヤなら辞めろと怒鳴り散らす中小企業の経営者。いまだに「だれに食わせてもらってると思ってるんだ」というバカ男。虐待を「しつけ」といいはる低脳親。ウエイターを呼びつけては横柄な口をきくボテ腹おやじ。自分のバッグが乗客に何回もあたっているのに、やんわりと注意されただけでぶんむくれる中年女。どんなに混んでいても、電車の入口で踏ん張りつづける吸盤男。「ばっかじゃねーの」というバカ女。

なぜこんな連中ができあがるのかがじつに不可思議なのだが、どこまでバカになればおまえは気が済むのだ、というような人間が存在しているという事実は動かせないのである。存在するだけで罪なのに、罰が下されないのをいいことに、かれらは今日もまた全国各市町村で元気である。けれどもその内面では、そんな自分が不安でたまらないのである。

テレビ番組のほとんどは並の人間が作っている

フジテレビの「発掘！　あるある大事典Ⅱ」で、「みるみるヤセられる」と、納豆がダイエットに著しい効果があると放映された翌日、全国のスーパーから納豆が払底《ふってい》した。あるメーカーでは「売れ行きが通常の三倍となり、工場のフル操業でも生産が追いつかない」状態となり、新聞に「品切れのお詫び」をだしたメーカーもあったほどである。

スーパーは「どんなメーカーでもいいからかき集めて」売った。会社役員である六十五歳の夫は妻と娘に頼まれ、会社帰りに買いに行かされた。五十九歳の女性は「二週間で効果が出るという説明だったので、頑張って食べていた」。

ところが後日、その内容が虚偽・捏造《ねつぞう》であったことが判明し、新聞の第一面を飾るほどの大事件となったことは記憶に新しい。三十代の主婦は「変だと思っていたが、やっぱり……」といい、四十一歳の女性は「今日も買いに来たんです。信じていたのに」と絶句した（『毎日新聞』二〇〇七・1・21）。その後、この番組は打ち切りになった。

一日二パックの納豆を朝晩食べつづけると二週間で劇的なダイエットの効果がでる、と番組はやったのである。最初は「?」と思っても、それを検査データや実施前・実施後の写真やアメリカ人教授のコメントで「科学的」に説明されれば、まあ信じてしまうのも無理はない（それらのすべてが虚偽だったのだ）。

しかし、騙されたと怒る前にちょっと考えてみてもらいたい。ものを食べれば食べるほど痩せることなどあるわけがないではないか（大豆イソフラボンは過剰摂取すると、逆に健康被害になる恐れがあるという調査報告もあるが、そんなことを知るまでもなくである）。ようするに乗せられたひとは、ローコスト・ハイリターンのうまい話ばかり考えていないか、ということである。しかも即効果を求めている。しんどいことはいやだ。しかし、望みは達成したい。それも短期間で目に見えるほどの効果が欲しい。一言でいって、虫がよすぎるのである。騙された自分も悪い、と思わねば。

可愛いチワワを使った大手消費者金融会社のCMが話題となり、その会社が業績を伸ばした。そのCMとおなじチワワがまた爆発的に売れたそうである。視聴者はその会社を、借り手にやさしいほんわかとした会社かと思ったのかもしれないが、実態は悪辣《あくらつ》な取り立てをするごろつき会社であることがわかった。消費者金融とか銀行と思うからだめなのである。基本的には、金貸し、と思っていれば間違いないのである。ところがかれらのツラの皮はどこまでも厚い。自分の不祥事を棚に上げて、その金貸したちは利用者たちに「ご利用は計画的に」とか「大人のマナー」とか、責任転嫁のような説教をしはじめたのである。

メディア・リテラシーといわれるが、だいたいがテレビでの放映内容や、いかがわしい宣伝を信じすぎである。「リテラシー」などという高度な話ではなく、常識的に考えればいいいのに、それができない。うまい話や自分だけ得をする話なんかあるわけがないのに、自分だけは大丈夫と思うのが甘いのだ。ただの素人なのに、意識はプロなのだ。だから、絵画レンタルとか沈没船の財宝引き揚げで高配当なんて話に引っかかるのである。今また円天《えんてん》市場なるインチキ商売に飛びついているのである。あとで騙されたなんて怒ってもどうにもならない。欲の皮が突っ張りすぎ、付け入られすぎである。

テレビドラマで沖縄戦下を懸命に生き抜こうとした青年を演じた若手人気俳優Tが、番組宣伝でバラエティ番組にでた。かれは、おまえがあの深刻な役を演じたのかといやになるほどのはしゃぎぶりで、「やっべ」とかいって大層ご満悦であった。しかし、そんな「やっべ」を聞かされたこっちは一気にばかばかしくなってしまう。顔と名前は売れているが、もう中身はまるで素人である。

寅さんのイメージが壊れるからと、映画以外での露出を自ら禁じた（といわれる）渥美清のようになれとはいわないし、なれるはずもない。だが、「やっべ」はなかろう。「華麗なる一族」の木村拓哉だって、万俵鉄平というよりは「木村拓哉」そのものでリアリティのないことおびただしい。現代はそういう時代である。視聴率のためならプロもへちまもあったものではない。テレビはプロフェッショナルを育てることができない。育つはずもないし、その気もない。「タレント」で十分なのだ。

勘違いのとんちんかんもいる。パリのオペラ座では殊勝な態度だった歌舞伎役者の市川E

蔵（ふふ。Eにする意味がない）。地元の日本に帰ってくるやいきなり、サングラスをかけ不《ふ》貞腐《てくさ》れた態度に一変である。芸能記者がうっとうしいのはわかるが、ふだんもあの調子である。言葉遣いは、いい年をしてテレビにでても「オレ」である。そのくせ、ということもないが、『ドラゴンボール』マニアである。頭悪そうである。それで「目力」とかいっても知らんわ。

テレビのとんちんかんもある。わたしもひとのことはいえないが、「ぐるナイ」（日本テレビ系、金曜日十九時）の「ゴチになります！」のファンである。高級料理店で自分が選んだ料理を食べ、ゲストを交えた六人のうちだれがもっとも設定金額に近い合計金額になるかを競いあい、最下位になった者が自腹で全員分の食事代を払うという番組である。でてくる料理は、通常は一品で数千円、高いものは一万円を超えるものもある。ところが、番組の最後に「お店ではリーズナブルなメニューも用意してあります」といったメッセージがでるのだが、あれはダメである。

番組を見た視聴者から「こんな高い店はとても無理」と敬遠されることを避けるために、「あなたたち一般人、はっきりいえば貧乏人にも食べられる手頃な価格（＝リーズナブル）の料理もありますよ」ということをいいたいのだろうが、間違っている。

リーズナブルとは「理にかなっている、正当な、適切な」ということである。一万円でも十万円でも百万円でも、その価格と商品価値が適切であると思われるならリーズナブルなのである。どこでそうなったのかは知らないが、安価ということではないのである。ゆえに、当該メッセージは結果的に「番組で紹介した料理はぼったくりだけどね」（アンリーズナブル＝法外）ということを意味することになるのである。だれが考えたメッセージか知らないが、完全にアウトである。知ったかぶりの素人が考えた文章なのか。

格言13　テレビも雑誌もあなたと同程度の、しかも赤の他人が作っている。信用するなら自分の責任で。

「ホンモノの思考力」などあるのか

一見すると、いかにもプロ的に見える言説がある。しかしよく見てみると、というよりすこし見るだけでも、素人をたぶらかしているだけ、というのはめずらしくない事態である。テレビでCMを大々的に打っているから信頼のおける立派な会社かと思っていたら、実態はろくでもない会社だった、というようなものである。

『頭がいい人、悪い人の話し方』(PHP新書)で飛ぶ鳥を落とした樋口裕一氏に『ホンモノの思考力』(集英社新書)という本がある(たしかこれもベストセラーになったはず)。「ホンモノ」という部分に心惹かれるものがあるが、この本がよろしくない。もちろん樋口氏を素人とまではいわないまでも(いってもいいが)、ちょっとひどすぎる。

もうのっけから唖然《あぜん》としてしまう。唖然としすぎてアゴが外れそうになる。この本の主張はヘンに明確なのだ。ほんとうに知的になるのではなくて、あくまでも「知的に見せる」こと、というのである。「もっとはっきり言えば、知的に見えるように振舞うこと」である。そんなこと、「はっきり」いうことか。

じゃあ、バカでも「知的」に見えさえすればいいのか、それはもしかしてインチキというのでは? という当然ありうべき疑問に対して、おどろいたことに樋口氏は自分で怒って逆にこのようにぶちまけているのである。今、丸椅子に座ってこれを読んでいるひと(そんなひといないだろうが)、背もたれのある椅子に移ってから読むように。でないと、ひっくり返るぞ。

私は、「表面でなく、ホンモノの思考力を身につけるべきだ。内面を磨くべきだ」という言い方に、かなりの疑問を感じる。どこに「ホンモノの思考力」があるのか、どこに「内面」があると言うのか、形のない「内面」や「心」を、まるでツボや茶器を磨くように、どうやって磨けると言うのか。

（『ホンモノの思考力』）

無事でしたか？　いやいやいや。「どこに『ホンモノの思考力』があるのか」「どうやって磨けると言うのか」と逆ギレされても、もともと「ホンモノの思考力」といっているのは樋口さんあなたではないか（たとえ編集者が題名をつけたとしても、氏も同意されたはずである）。そんな「ホンモノの思考力」がどこにあるのかといわれても、そんな無茶な。それに「磨く」という表現はそもそも比喩《ひゆ》ではないか。英語力を磨く、男を磨く、と樋口氏だっていうだろうに。びっくりしたなあ、もう。

もし、目に見えない力を養うとなると、具体的にどうすればよいのかわからない。思考力を高めるといっても、目に見える指標がなく、どのくらい力がついたのかわからない。だが、外見をまねることなら、誰でもできる。努力しやすい。達成度もすぐにわかる。そして、外面をまねするうちに、徐々にホンモノの思考力がついてくる。

（同書）

なんだ、結局「ホンモノの思考力」がつくのではないか。インチキだけど。もう無茶なおひとである。

樋口氏が勧める方法は三つある。二項対立思考と型思考と背伸び思考である。一応もっともらしいのである。樋口氏によると、これらは「欧米人の思考法」ということなのだが、おどろいたことにこれを「まねて」「知的に見えるように振舞う」というのである。詳しく紹介する余裕がないので、二項対立思考と背伸び思考は省略する。省略しても、読者はそのことを惜しむ必要はない。省略して正解。型思考のみにふれておく。

樋口氏が提唱する「型思考」のひとつである「メモの型」とは、「3WHAT3W1H」である。「3WHAT」とは「それは何か（定義）」「何が起こっているか（現象）」「何がその結果起こるか（結果）」（傍点原文）のことである。この3WHATで「問題点を整理する」。

その次の「3W」とは「WHY『なぜそれが起こっているのか。それがなぜ好ましくないか、あるいは好ましいか（理由・根拠）』」「WHEN『いつからそうなのか、それ以前はどうだったか（歴史的状況）』」、そして「WHERE『どこでそうなのか、ほかの場所ではどうなのか（地理的状況）』」のことである。

最後の「1H」は「HOW『どうやればいいか（対策）』」である。

これらを基本型として、臨機応変に使うなら「現状を分析できる」し「自分の考えもまとめられる」と樋口氏はおっしゃっている。いかにももっともらしいが、なるほど、レポートや卒論を書く学生さんには有益ではあろう。方法としても正しかろう。

だが学生でもなく、ましてや学者でも評論家でも高等遊民でもない人間にこんな大層なことができますか。日々生じる大小さまざまな問題にこんな手順を踏んでいる余裕など、とてもありはしない。商売はどうしたらいいか、いやな上司との人間関係は、かれとの恋は、どう生きていったら、自分の顔がいやだ、やりたいことが見つからない、などなど。型思考は容易に形式的思考に堕するのである。

それに、どうしたらその思考が身につくのかと問えば、樋口氏は次のような「決まり文句」を「口ぐせ」にしておくこと、と一律に勧めるだけである。「そもそも――とは――」「今、起こっているのは――」「このままでいくと――」「なぜ、そのようなことが起こっているかというと――」「かつてはどうだったかというと――」「ほかの国（地方・組織）はどうかというと――」「どうすれば改善できるかというと――」。

このような言い方を丸々暗誦《あんしょう》して「口ぐせ」にせよというのである。なにしろ同書のサブタイトルは「口ぐせで鍛える論理の技術」である。「そもそも仕事とはなにか」「そもそも恋とはなんぞや」とそこから考えはじめるのか。「今、起こっているのは胸のときめきである」「このままでいくと、ストーカーになりそうである」「なぜ、そのようなことが起こっているかというと、人間には欲情があるからである」。ばかばかしい。とても本気だとは思われない。本気だとしたら恐ろしい。

しかし、かれは毫《ごう》もひるまない。ひるむどころではない。ますます絶好調なのだ。

もうひとつ、「論述の型」というものがある。そこでもやり方はおなじ。「私は――と考える」「確かに――しかし――」「なぜなら」の三パターンを覚える。そうすれば「いつのまにか、頭の中まで論理的になっていく」。

そのためには、と樋口氏はもう滅茶苦茶なことをいうのである。そのためにはだね、またまた次のような「決まり文句を『型』として口にする。そして、内容はそのあとに考えていく。そうすれば、自然に、考えがまとまるはずだ」と。いやいやいや、その「内容」や「考え」方を教えてくれるのじゃなかったのか。内容をあとで考えていくと、考えは自然にまとまるはずだ、って殺生ではないか。無茶にもほどがってものがあろうではないか。

ともあれ樋口氏推奨の、その論述における「決まり文句」とはこういうものである。読者はその言い方を「口ぐせ」にすること、つまり以下の文句をそっくりそのまま暗記すること。「確かに、それは偶然に見える。しかし、実は必然だ」「確かに全体的には好ましい。しかし、いくつかの問題点がある」「原因は――。したがって対策は――」。ほんとうにこんな文句、覚えていいものか。

樋口裕一さん、いくらなんでもそれはあんまりな

また、かれはこのようにもいっている。やけくそにしか見えないのだが、氏はいたってまじめである。わたしはここにいたって、かれの正気を疑った。なぜというに樋口氏は、ある根拠を示すときには「ずばり」「理由は三つある」とかならずいいなさい、というのである。しかも「三つ思いつかなくてもかまわない。とりあえず『三つある』と言っておく。そして、話しながら、三つを考える」のである。

（松本人志調で）えーーーっ？　「三つある」といって「二つしか思いつかなかったとしても」「あまり気にする必要はない」。えーーーっ？　これは「多くの人にマスターしてほしい口ぐせだ」。えーーーっ？

いやいやいや。気にする必要はないといっても、そりゃ樋口氏は気にしないかもしれないが、世間では気にするって。「君がいった今の二つともなんの根拠にもなっていないが、それで三つ目の理由はなんなのかね？」と上司に笑いながらいわれたら、どうすればいいのだ。冷や汗はでないのか。しどろもどろになって、満座失笑のうちに一巻の終わりではないか。「あまり気にする必要はない」って、どういう神経をしているのだ？

かれの推奨する二項対立思考も背伸び思考も推して知るべしである（推して、と書いたが、わたしはもちろん読んでいる）。やはり「知的に見えるように振舞うこと」というイカサマ根性というかスケベ根性の出発点がそもそもだめなのである。

同書には**確かに**、随所に「確かに——しかし——」構文が駆使されていて、同書自体がかれの主張のサンプルモデルとなっているのだが、**しかし**、仏作って魂入れず、さすがにまともに受け取る読者もいないだろう。老婆心でいっておくと、しょっちゅう「確かに——しかし——」とか「理由は三つある」などといっていると赤っ恥をかくからね。「確かに野郎」とか「理由三つ女」とかいわれて。樋口氏、罪なお方である。まさか自分が「プロ」の文章家に「見えるように振舞」っているのでは？

ところがですね、いやあ世の中はさすがに広い。ひともさまざまだ。アマゾンのブックレビューでU大学教育学部助教授のK・Kというひとが、同書を読んだ感想として堂々とこの本を絶賛しているのである。わたしは腰を抜かすほどおどろいた（このひと、U大学のHPで調べてみるとたしかに実在していた。まだ若く三十七歳なのであった）。ご覧あれ。このような讃辞である。

「プロの研究者として、論文の書き方には自信があったんですが、そのやり方をそのまま会議での発言にも応用できる、というのは目からウロコでした」。「僕がふだん学生に教えようとしている内容を非常によくまとめてくれています」

でやがったなプロ野郎。だれもいってくれないから、我慢できずに自分でいってしまう自称プロ。「プロの研究者として」って、あなた、いったいどの程度の「プロ」なの？　その「自信がある」と豪語する論文を一回わたしに見せてみなさい。ウソ。見せなくていい。教師が自分を「プロ」なんていってはいけない。

樋口氏を「プロ」と見なしてもいい。それでメシを食っているからである。ただし、どんな意味でもプロフェッショナルではない。アマチュアでもない。誠実さが足りないように思われるのだ。いや誠実ではあろう。思考が足りないのだ。無責任なら無責任でいいが、無責任にもほどってものがあるではないか。ほんとうなら前章の「こんな『プロ』はいらない」

に入れるべきだったかもしれないが、あえて本章に入れることにした。樋口氏のこの本を読んで、さすがプロだなあと感心したあなた、素人の度が過ぎる。

格言14　ホンモノの思考などない。自らの生き方をかけた覚悟の思考があるだけである。

「プロ」気取りでご満悦

素人が研鑽を重ねてプロになる。ごくあたり前の道である。どんなプロも昔はズブの素人だったのである。だが、素人のままでプロを気取るのは見苦しい。だいたい、あのテレビコメンテーターというのがよくわからない。専門家が当該問題について解説をするのはわかる。ところがただの社会的地位や職業的肩書きだけで登場しては、社会問題や国際問題全般にまでコメントをする者がいる。もう思いきり「素」の自分に戻っているのに、「なにかをいった」という顔をしているのである。そんな、どうでもいいコメントを聞かされるこっちの身にもなってもらいたい。

話は変わるが民主党。参院選の「目玉」候補がなぜ横峯パパなんだ。この本がでるころには当落の結果がでているはずだが（たぶん、当選）、結果如何《いかん》にかかわらず、かれを候補に選出したことが情けない。自民党ならおどろきやしない。お家芸だからだ。前回の参院選ではなりふりかまわず女子プロレスの神取忍《かんどりしのぶ》まで引きだした。今度は丸山和也弁護士である。「日本を建て直すには、自民党を建て直さなければならない」とは丸山氏の弁である。それは無理、とはいうまい。ぜひ丸山氏には「自民党を建て直」してもらいたい。

当然、かれらには立候補する権利がある。政治は無理、と偉そうなことをいうつもりもない。横山ノックでも大阪府知事をやったし、扇千影は大臣や参議院議長まで昇りつめた。だれだって研鑽すれば政治などできるに決まっている。

しかし所詮、横峯氏も丸山氏もただの集票候補でしかない。政党はタレントに政治的力量などまったく求めていない。かれらもそのことはわかっているはずである。にもかかわらず、そうか、オレはそんなにすごいのか、とおだてられて木に登ったのである（大仁田厚《おおにたあつし》自民党参議院議員がタレント議員の扱いや参議院のあり方に〝失望〟して、二〇〇七年の参院選挙前に引退を表明した。賢明である。でも、そんなことは、はじめからわかっていたこと）。

タレント候補の擁立には、依頼するほうも依頼するほうなら、引き受けるほうも引き受けるほうだ、という情けなさがつねにつきまとう。よりによって、なぜ民主党が、クラブのお姉ちゃん好きの横峯パパなのか。クラブのお姉ちゃんが悪いわけではないが、はっきりいって逆効果でしかない。国民を舐《な》めるにもほどってものがある。それにしても、パパ、なぜ断らなかったのかなあ。

プロとしての力量が求められていないのは歌謡界もおなじである。もう素人丸出しの日本の若手歌手についてはなにもいわない。ただ春日八郎や三橋美智也やフランク永井が懐かしい。若手タレントや俳優についてもなにもいわない。ただ三船敏郎や志村喬や佐分利信が懐かしい。若いひとごめんね、古代人みたいな名前を挙げて。もちろん、時代なのである。プロでござい、と声高に主張してもほとんど意味がない。全部が全部そうなのではないけど、いまや売れた者、人気のある者が「プロ」なのだ。

しかしそれにしてもYoshiさん、いくらなんでもあなた、小説も子どもも世間も舐めすぎである。『Deep Love アユの物語』シリーズ四部作は二百七十万部も売れ、映画化もされたが、こんな文章で、子どもの小遣いを巻き上げるのはやはりイカンと思う。

公園に着くと、みるからに金を持っていそうなババアがいかにも高そうな犬を連れて立っていた。ババアはパオを、汚いものを見るような目つきで見ている。犬もパオを見て吠えた。アユはパオを抱きかかえ、ババアに聞こえるような大声で言った。

（『Deep Love アユの物語［完全版］』スターツ出版。以下『Deep Love』）

ふふ。地の文に「ババア」である。無茶苦茶すぎてちょっと笑ってしまったぞ。

アユは緊張で頬が痙攣した。

「私は、時代を憎んだ！……それしかなかったの、人間にこんなにむごいことをさせる、狂った時代を憎むしか！……そして、それ以来、笑いも涙も私の顔から消えたわ」

（同書）

「私は、時代を憎んだ！」って。頭がいいと錯覚している頭の悪い学生の不条理劇か？「何を言っても、言い訳になるけどな。俺達は時代に流されたんだ……」（同書）と嘆く強姦オヤジも登場したりして、もうワヤである（ワヤ＝めちゃくちゃ、乱雑）。

ネットでのインタビューでYoshi氏はこのようにいっている。「性描写を盛り込めば『過激』、小説的な表現をしなければ『幼稚』という評価は自分にとってはナンセンス」。

なるほど、「ナンセンス」とは便利な言葉である。なんにでも使える。「オレがバカという評価はナンセンス」「オレが卑怯者という決めつけはナンセンス」。ナンセンスとはもともとセンスがあってこそいえるのであって、センスのないひとにはどだい無理なのである。「一人がいきなりレイナのパンツを脱がした。焼けた肌の中で、アソコだけがまぶしいほどピンクだった」（『同書』）。「アソコ」である。「アユは生まれて初めて神に祈った——今まで神様なんて信じなかったけど、聞いて欲しい！義之を助けて！私の命あげるから、お願い！」（同書）。ベタという以上に愚鈍である。「何も答えない優介だったが、まあ期待だけは広がっていった」（『恋バナ赤』スターツ出版）。「まあ」って。「ただ、年を食ったせいかもしれないが、亜美は平凡な生活から飛び出したくなることが多くなった」（同書）。「年を食った」って。

かれの「性描写」もまた程度の低い紋切型でしかない。でてくる男も脂ぎったオヤジ、好色な叔父、低能の若者、と質の悪い型どおり。「『ピンクだね！指で開いて見せて』オヤジは自分のモノをいじりながら近づき、アユのアソコに顔を近づけた」（『Deep Love』）。Yoshiさん、「ピンク」という表現が好きなようである。当然、表現も「あっ、あっ、もっと、もっと……」と陳腐なエロ本並みでしかない。「ギシ、あっ、ギシ、あん、ギシ」（『恋バナ赤』）と、会話文のあえぎ声にベッドの軋《きし》み音まで入ってきたりして、もう無茶苦茶である。ここまでくると、かれの「自分にとってはナンセンス」という言葉じたいが、「ナンセンス」な逃げ口上というほかはない。

かれはまた「本としての評価なんてどうでもよい」「評論家の評価より、実際の読者が現実の現象として変化してくれることの方が、自分にとっては何倍も価値のあることです」ともいっている。売れに売れたもんだからもう怖いものなしの開き直りだが、そう、こっちもそんなに目くじらを立てることはないのである。これを「小説？」と思うからだめなのであって、第二の「中谷彰宏」と思えばそう腹も立たないであろう。その証拠にYoshi氏は「もし本当の恋をしたいなら、／盲目になれる相手を探してほしい。／そして、言ってあげたい。／恋は盲目でいいんだよ、と」（『恋バナ赤』）云々《うんぬん》かんぬんの思わせぶりな一行詩をたくさん書いております。

売れた者が「プロ」と書いたが、この言い方にはやはり無理がある。撤回である。ある一定レベル程度の技量は最低限不可欠だからである。Yoshiさんはどう好意的に見てもド素人である。かれの作品に感動した読者も、かれがどんな意味でも「プロ」ではないということはわかっているはずである。が、Yoshi氏にとってはプロもアマもまた「ナンセンス」にちがいない。プロでもアマでもない者はそういいたがるものである。『Last Love』はさすがに読まない。『Deep Love』と『恋バナ赤』の金は返さなくていい。とっときなさい。

「そう言いますけど、バカです」

この言葉は、永六輔『新・無名人語録』（飛鳥新社）のなかに、一般人の言葉としてでてくる。

「視聴者だってバカじゃありません。そう言いますけど、バカです」。これ好きだなあ。視聴者はバカじゃない、といったこの手の甘言はよく口にされる。新聞の社説、テレビの司会者やコメンテーターに多い。政治家にもいる。いわく、国民はバカじゃない、選挙民はバカじゃない。テレビは本人の意図する以上のものを如実に映し出す。それを視聴者はちゃんと見てるんだよ、などと。もちろん本心からいわれているわけではない。

ようするに国民相手に商売をしている人間たちである。購読者、視聴者、選挙民に対してバカといえるはずがないのである。だが国民や選挙民や視聴者（みなおなじだが）の少なくとも半分はいうまでもなくバカである。もうズブの素人。抽象名詞として考えるなら、そんな統計などどこにもないが、それはもうあきらかである。もちろん語弊があるが、バカではないというよりは正しかろう。

テレビで木村拓哉がカレー店に入れば、翌日はその店の前に長蛇の列ができる。電車のなかでいい歳をしたおっさんがおにぎりを食べ、どうでもいいことに、すぐテレビ局や新聞社に抗議の電話をかけ、「粗品進呈」とあれば、二個も三個も欲しがるのである。スターが来日すれば女たちが成田に殺到するのである。やはり、バカと呼んであげないと失礼ではないか。「チェッ、そういうテメエは何様だ！」といわれようとバカはバカである。事の軽重や価値の意味を自分の頭で考え、自分の頭で行動できないからである。あるのは世間様とテレビ様と自分様。

が、市井《しせい》にももちろん賢人はいる。そこそこのアマチュアなど足元にも及ばない機智のひとである。自称プロなどは恐れるに足りないが、こういうひとは見習いたい。『新・無名人語録』からいくつかを次に紹介する。

「テレビはくだらない番組をくだらなく作っているという点では筋が通っています」

「材木も人間も、育ちがものを言います」

「誰がどこでみつけてきたんですかねェ。『癒やし』という言葉。素直に『養生』がいいと思いますけど」

「サラリーマンが七割っていうことは、親父から仕事を教わらない子どもが七割を超すっていうことだぞ」

「納税者とタックス・ペイヤーの違いですよねェ、納めるのと、払うのじゃ違うもの」

「10人の子どもを育てた親はいくらでもいる。1人の親を最後まで世話する子どもは滅多にいない」

「老人にあと何年と聞かれる時があります。医者としては『あと百年！』と太鼓判を押すことにしてます。結局それが一番納得して帰るんです」

「中学の性教育で、コンドームを使って避妊の勉強をしてるんだってさ。いいよ、性教育なんだから。だけどさ、少年用のコンドームってあるのかねェ、あるならオレも欲しいなァ」

オレも欲しい、って、素直でいい。

「恋愛結婚だったのか。それじゃ、別れるなァ」

まあ明るいのだ。向日的である。そんなかれらも基本はバカかもしれないが、けっこうである。一瞬の閃光《せんこう》はその一瞬だけバカを無化する。わけのわかったようなわからんような、思わせぶりだけの自己陶酔者なんかよりよっぽど健康的である。

公共広告機構の「話そう、親子で。ぼくのことを全然わかってくれない。ぼくの話なんか、聞いてもくれない。そう、子供はひとりぼっちで闘っている。ただの『がんばれ』じゃ、子供には届かない。ちゃんと話そう。もっと話そう。子供から逃げずに。子供がいちばん話したい人は、あなたです」なんて平気で嘘くさい文章を書くようなプロまがいの素人なんかよりはよっぽどいい。

ひとは目前の質問に抵抗できない

あいかわらず（振り込め）詐欺による被害があとを絶たない。ひどいのは七十歳や九十歳のお年寄りをだまくらかして二千万だの四千万だのを取ったやつがいる。お年寄りにもっと自分の頭で考えなさいというのは酷かもしれないが、プロの詐欺師たちは巧みに人間の弱点を衝《つ》いてくるのだ。

その弱点の一が、不安な心理である。その不安をその場でいきなりかきたてて自分たちのペースに巻き込むのである。その不安は、健康だったり、損得だったり、家族だったり、である。弱点の二は権威への弱さである。だから詐欺師たちは警察官、弁護士、税務署といった権威を利用する。権威を疑わない者は、たかが風邪なのに、医者から、じゃあ服を全部脱いでとかいわれると、おかしいなと思いながらも、お医者サンがいうのだからと脱いじゃうのである。だめだよ脱いじゃ。

新聞の勧誘であれ、家のリフォームであれ、宗教の勧誘であれ、電話や個別訪問がある。敵もさるもの、カーネギーの『人を動かす』(創元社)かなんかを読んで勧誘マニュアルを作っているのだろう、いきなり自分のペースにこちらを巻き込むのが手だ。当然、自分の素姓は明かさない。いきなり「おたくの床下見させてください」とか「ちょっと屋根を見せてもらったんですけど、そうとう傷んでますねえ」とくるのである。つまりこちらに考える余裕を与えない。不意打ちが手である。人間は、いきなり質問されると、ついそれに答えようとする習性があるが、それをまんまと利用されるのである。

あれはいったい、どういう心理的機制なんだろう。たとえばあなたが会社から家に帰る。居間に入ると、たまたまテレビではクイズ番組をやっていて、「さて、ルーマニアの首都は?」という問題がだされているのを見る。すると、さっきまでそんなことまったく頭のなかになかったのに、あなたはつい答えようとしないだろうか。さっきまで「ルーマニアの首都」なんかどうでもよかったくせに。

さっきまでそんなことまったく頭のなかになかったのに、人間は「目前」のものに弱いのである。それまでのんびり歩いていたくせに、駅に着いて電車が入ってくると、もう親の敵に会ったかのようにいきなり走りだすではないか。その電車を見送ってもまったくどうということはないのにである。直前でドアが閉まると、「チェッ」と舌打ちをしたりするのである。なにが「チェッ」か。損をしたわけでもなんでもないのに、「損をした気分」になることが嫌なのである。信号が青から黄に変わると、もう焦ってアクセルを踏んで加速である。「目前」に弱いのだ。

人間は「目前」のことに対応しようとする。ある意味でしかたのないことである。人間は時々刻々移り変わる現実に対応せざるをえないからである。そこに不安や権威が介在すればなおさらである。ところが業腹《ごうはら》なことに、対応する必要のないことにまで対応してしまうのである。その「目前」（の人間）から、さらに、不意に質問でもされてみなさい。「ご主人さんのところ、新聞なにとってます？」と訊かれると、答える義務もなにもありゃしないのに、「えっと、○○新聞だけど」とか、思わず答えちゃうわけである。

まんまと相手の思うツボである。敵はこちらに隙を与えず一方的にしゃべりまくるという戦法である。だからそういうときは、質問を一切無視して、逆にいきなり「あんただれ？」

とか「なんの用?」とか「なにか売るの?」と聞き返すのが正しい対処法である。もしくは「ああ」とかわけのわからん言葉を発して、「はい、ごめんね」と速やかにドアを閉めるのが正しい。相手のペースに乗らないことである。呼びもしないのに、詐欺師は勝手に家に来たりてドアをノックする。勝手に電話をかけてくる。

いうまでもなく不埒《ふらち》なのはこの連中である。だが悪いといくら非難したところで、被害を受けては元も子もない。素人は自己防衛をしなければならないのである。

やや趣を異にするが、「目前」のことに、いきなり、それまでどこにもなかった欲求(欲望)を呼び覚まされることもある。これが可愛いというか、情けないというか。

ある日、立ち食いうどん(そば)を食べている、としたまえ。横でもおっさんがタヌキかキツネを食している。と、そこへ入ってきた新しい客が、「うどんにゲソ入れて。それからお稲荷さん」と注文をした途端、隣のおっさんの体がピクッと動くのである。シナプスが接触し、頭に「!」ときたのだ。

やおら、焦るようにポケットの小銭をまさぐりながら、そそくさと注文口へ移動して、「お稲荷さん、いくら?」とおばさんに訊き、めでたく小皿を持って自分の場所へ戻る、満ち足りた心、という光景はなんなのだ。それまで「お稲荷さん」の「お」の字さえ頭のどこにも存在しなかったくせに、「あ、お稲荷さんがあるのか。これは一丁、うどんと一緒に食すればもっと充実するな」とランプが灯ったのである。

まあ、気持ちはわからないではない。わかるのか。しかし、その場で即実践するなよ。せめて次の日からにしろよ、と思うのだが、タヌキを食っているおっさんはそれを我慢できない。今日という日は二度とやってこない。一期《いちご》一会《いちえ》。刺激、即、反射なのである。

昼飯に味噌ラーメンでも食べているとしたまえ。こんなんばっかり。これまた新しく入ってきた客が「塩ラーメンね。ご飯もつけて」と注文するやいなや、あっちの席のほうでまたもやだれかがピクッとするのである。もう、うれしくなっちゃう。「あ、ご飯がサービスなのか。知らなかったぞ。うん。ラーメン・ライスなら今日の昼メシはもっと充実するではないか。これは頼まない手はないな」と、こんなときだけ即座に思考をめぐらし、「あ、ちょっと、オレにもライスくれる?」と頼んだりするのは、いったい決断が速いとか実行力があるというのかね。男の意地というものはないのか、といいたいが、たかだかサービスのご飯一杯で、男の意地もへったくれもないか。

それで、こんなケチな男が昼休みから口をシーハーシーハーいわせながら帰ってきて、午後の会議で偉そうに、「そもそも戦略的思考とはですね」とか「わが社では、P（Plan計画）

D（Do実行）C（Checkチェック）A（Action是正対策）がまったく機能してないのが問題なんですよ」とか「おい。山本。男らしくビシッとしろ」などと口にしても、はたして効果あるのかないのか。

格言15　目前のことに反射的に対応する前に、一拍おいて目前の意味を考えること。

人間のクズは笑う

人間としてのプロフェッショナルはいるだろう。あるいは男としてのプロフェッショナル、女としてのプロフェッショナルもいるだろう。けれどわたしたちのほとんどは、人間としてのアマチュアや素人やド素人であろう。せめて人間としてのより良きアマチュアを目指したい、というのが本書の趣旨である。ところが問題なのは「自分一番」のド素人である。現在、圧倒的に増殖中である。

小中学校の給食費未納が問題化している。文科省調べによると平成十七年度で二十二億三千万円の未納があるという（保育費の未払いはそれ以上、ということも判明した）。困窮によるものではなく「払いたくないから払わない」「義務教育だから払わなくていい」というのである。教師が訪問すると「給食が止められるなら止めてみろ」とぶちきれる親もいる。高級車を乗り回しながら払わないのもいる（『産経新聞』二〇〇七・4・12）。「払わなくても給食はでるから」といった母親もいた。そのくせ修学旅行費だけはちゃっかりと払っているのだ。子どもが参加できなくなるからである。

昔なら、自分の子どもに恥をかかせるわけにはいかない、と親は払おうとした。ところが現在では、いやなものはいや、たとえ悪くても悪くない、他人はオレじゃないからどうなろうと平気という人間のド素人がいるのである。今は正当な要求をする側が、無法にふんぞりかえる人間に頭を下げてお願いするような時代である。じつに狡猾《こうかつ》卑劣な人間が平然としていて、もうバカの底が知れない。これが親、なのである。もうヤクザに給食費の取り立てを頼みたくなるほどのド素人親である。そして読者諸兄、こんなバカ親が職場ではいっぱしのプロ面《づら》をしているかもしれないのである。

自分の子どもの成績が不振だと、教師の教え方が悪い、やる気をなくさせた、責任をとれと学校に抗議する親もいる。金はださないが、口はだすのだ。それで校長や教頭を辞職に追い込む。自殺した女性校長もいる。子どもは子どもで「やる気のでるように教えてほしい」と甘ったれている。武蔵野大学講師の藤田敏明氏は「消費者主権的な社会の動向がもたらした自己形成が、〈この、かけがえのない私〉という自己中心的な、アトム化した個人を大量に生み出した」といっている（『教育大混乱』洋泉社・新書y）。親だけではない。大人だけでもない。ド素人猛々《たけだけ》しいのだ。

さて人間の最低ランク、人間のド素人のはるか下に人間のクズがいる。はっきりいって生きている資格のない人間である。

一九九九年山口県で、強姦目的で主婦を殺害し、そばにいた赤ん坊も殺した、当時十八歳の男がいる。一審、二審とも無期懲役の判決であった。この男が獄中から先輩や友人にだした手紙にはこうある（この先輩というのがまた、名古屋アベック殺人事件の主犯なのだ。あーあ）。

無期の判決がでると「勝った！　と言うべきか負けたと言うべきか？　何か心に残るこのモヤ付き……。（略）心はブルー、外見はハッピー、しかも今はロングヘアーも、ハゲチャビン！（笑）まじよ！」。「もう勝った。終止《ママ》笑うは悪なのが今の世だ。ヤクザはツラで逃げ、馬鹿（ジャンキー）は精神病で逃げ、私は環境のせいにして逃げるのだよ、アケチ君」「ま、しゃーないですわ今更。被害者さん（遺族の夫のこと……引用者注）のことですやろ？　知ってま。ありゃーちょーしづいてるとボクもね、思うとりました」（『週刊文春』二〇〇六・3・30日号）。

この男、笑いを取ろうとしているのである。誤解でも正解でもいいが、はっきりいって、もう死んでもらいたい、とわたしは断固考える。終身刑が存在しない以上やむなし、である。しかし、その男には死刑制度反対派の大御所弁護士がついている。そんな人間のクズに更生などさせるな、と考えるわたしは間違っているのだろうか。しかし、いったいなんに照らして？　それともこんなクズでも救ってやるべきなのか。

二〇〇七年五月に行われた第一回の差し戻し審法廷で、そのクズを弁護する側はじつに二十一人の大弁護団を組んできた。被告人弁護の主張はまともな頭で考えたとはとても思えないほどの珍妙奇天烈《きてれつ》なお話であった。そんな荒唐無稽のお話をでっちあげて、かれらはよくも恥ずかしくなかったものである。トンデモ弁護士団とでもいうほかはなく、「こんな『プロ』はいらない」の第一番目に入れてあげればよかった。

5

こんなアマチュアになりたい

せめて見事なアマチュアに

慙愧《ざんき》に堪えないが、と書いて、そうでもないなとも思うのだが、わたしはなにをやっても「プロ」にはなりえなかった。けれど頭脳においても運動能力においても気性においても平凡なひとりの男が、この社会のなかでこの程度までできるなら、あるいはこの程度の人間になることができたのなら、もって瞑《めい》すべしではないか、と思った。

つねに考えていたことは、たぶんひとつ、である。ただ単純に「男らしく」生きること。したがって行動原理も単純。「卑怯なことはしない」「公正であること」そして「誠実かつ懸命であること」だけである。しかしこのような生意気なことを書いて、内心忸怩《じくじ》たるものはないのかといわれれば、ないことはない。

こんな単純な人間にいったいなにができるか。その場その時で、自分が最善と判断したことを最善を尽くしてやる、だけである。だれもやらなければ自分がやる、である。楽な道と困難な道があるときは、あえて困難な道を選ぶ、である。できたかどうかは心もとない。しかし必然的に、「自分」という存在を一番上の価値として置かない、ことになった。いや、もともと置くことができない気質だった、といったほうが正確かもしれない。多少悔やんだこともないではなかったが、まったく損な性分に生まれたものだった。

わたしは自分を「アマチュア」と思ったことはなかった。「こういう男になりたい」と思いはしたが、「こういうアマチュアになりたい」と思ったことはなかった。しかし「プロ」という言葉に照らしてみれば、たしかに「アマチュア」なのであった。そして、この「アマチュア」は悪くない、と思ったのである。まあ自己擁護である。たぶんわたしは「アマチュア」の下くらいだと思うが、せめてより良き「アマチュア」になることができれば、なんの文句もない。

とはいえこんな歳になって、今さら「せめてより良きアマチュアになりたい」もなかろう。と思う諦念《ていねん》が、とことんだめなところであった。世の中には、かつても、現在も、そしてこれからも、ほとんど真のプロフェッショナルと呼びたいほどの、見事なアマチュアがいる。自分一身を律し、つねに成長しようと努力し、ひとと事に対してつねに誠実であろうとする人物である。たとえその身は「プロフェッショナル」であっても、そのような見事なアマチュアがいる。もうこの程度でいいだろうと自分に甘えたり、諦めている場合ではないのである。

そういう人物を四人紹介したい。最初の人物は明治人である。いきなり明治時代かよ、古すぎないか、とうんざりしないでいただけるなら幸いである。人間に明治も現代もない。そんなことよりも、この人物におどろいていただきたいと思う。

格言16　より良きアマチュアになることができるなら、一個の人間としては申し分ない。

白虎隊士から東大総長へ・山川健次郎

日本でもっともアマチュア精神が横溢《おういつ》した時代は幕末から明治にかけてだったかもしれない。日本国じたいは、社会としては当時の先進世界にひけをとらないほど成熟していたが、国家としては素人であった。清《しん》や東南アジアのようなズブの素人でなかったのは、幕府や各藩の精強な武士団や軍隊が存在したからである。日本をめぐって、英米仏列強勢力の利害が相殺されたという面もないではなかった。それでもかれらにいいようにしてやられたのだが、それゆえにわれらの父祖たちのなかには、国の未来のために無私を貫こうとしたアマチュア精神の権化《ごんげ》のような人物が陸続と出現したのである。

会津に山川健次郎というひとがいた。嘉永七（一八五四）年生まれ。武士の子である。子どものころは虚弱だったため、仲間から「青瓢箪《あおびょうたん》」といわれた。戊辰《ぼしん》戦争のとき、白虎隊（十六・十七歳で編制された隊）に入隊したものの、十五歳ということで合併白虎隊に編入された。悲惨のすべてを見、長州への恨みは骨髄にまで達した。

略歴を記しておく。一八七一（明治四）年、十七歳で米国留学。猛勉強をして翌年、エール大学に入学。一八七四（明治七）年、帰国。東京開成学校（現・東京大学）で物理学を講義。のちに日本人初の東京帝国大学物理学科の主任教授となり、田中館愛橘《たなかだてあいきつ》、長岡半太郎の二人の物理学者を育てた。やがて薩長藩閥政府のもとで二度も東京帝国大学総長を務め（最初のときは四十八歳）、その間、京都帝国大学、九州帝国大学の総長も務めた。それにとどまらず、東北帝国大学や東京物理学校（現・東京理科大学）の創立にも尽力した。一九三一（昭和六）年、七十八歳で没。

山川健次郎は明治、大正、昭和の三代にわたって「星座の人」（このひとのあとをついて行けば間違いないという意味）と呼ばれた。かれは「学生たちへの訓示では、ときどき白虎隊の話をした。言葉につまり涙ぐむときがあった。その姿に学生たちは寂として声なく、じっと聞き入るのだった」。

すべての公職を退官してからは、七十三歳で武蔵高校（現・武蔵大学）の校長を務め、全国で講演を行った。

終生清廉潔白を旨とし、芸妓が出る宴会には出席せず、講演会に招かれても報酬は受け取らなかった。

あるべき日本人の姿が山川健次郎だった。かつての日本にはこういう人がいた。

健次郎が三つの帝国大学総長を務めたのは、そうした人格と識見によるものだった。

健次郎の脳裏には、いつも会津の戦争があった。白虎隊の仲間が何人も自刃し、多くの人が無残に命を落とし、城下は丸焼けになった。そして降人となった会津の人々は本州最北端の下北半島に流され、極貧の暮らしを強いられた。だから清貧をモットーとし、贅沢を嫌った。

それでいて部下や学生にはやさしかった。

自分は幸運にもこうして生きている。その分だけ社会に貢献するのが当然と健次郎は考え、慈愛の心で生徒や学生に接した。

（星亮一『白虎隊と会津武士道』平凡社新書）

星氏は「いくら学術優秀であっても品行が下劣であっては、社会の秩序が崩れると健次郎は考えた」と書いている。そのことを示すような健次郎の言葉がある。帝国大学令公布記念祝賀式（明治三十七年）での健次郎の訓示である。

「諸君には日本の未来を担う責任がある。まず第一に心がけねばならぬことは、品行方正と人格の高尚である。人の成功は信用による。その信用はその人の品行、人格によって決まる。今日、品行に多々欠点があり、人格もさほど高くない人物が、各界を牛耳っている。これらの人々は王政維新において、社会の秩序が紊乱《びんらん》し、社会の制裁力が弱いときに乗じて出てきた人物たちであり、諸君は決して手本にしてはならない」（同書）

健次郎の思想はこの言葉に尽きているといってよい。かれが見事なのは、この言葉を自らの身をもって生涯生き抜いたことである。この時期、足尾鉱毒事件が起き、また政治家や高級官僚の汚職が横行した時代である。薩長出身の軍人や政治家が幅を利かせた。健次郎の兄・浩が陸軍少将に昇進したとき、陸軍中将兼内務大臣だった山県有朋は「山川は会津ではないか」と不満をあらわにした、といわれる。百年前も現在もおなじである。ちがうのは健次郎のような清廉不羈《ふき》の人物が現在ほとんど存在しないことである。

健次郎は武蔵高校の第一回の卒業式で「終生人格を磨くべし」と学生たちに訓示した。「昨今、智を重んじ、徳を軽んずる傾向がある。役人が賄賂をもらったり、不正をおこなったりしている。日本人の道徳観が下がったのではないかと思われる。法律に触れなければ、なんでもやるという傾向がある。今後、日本人は人格を磨き、立派な人間にならなければならない」。

このようなエピソードがある。健次郎は「時間には厳しく、汽車に乗るときは一時間前に駅に行った」。また「九州帝国大学総長のとき、福岡高等女学校の卒業式に招かれ、祝辞をのべることになっていた」。ところが準備が進まず開会の九時になってもまだ会場の掃除をしている。「健次郎はつかつかと壇上に上がり、さっさと祝辞を読み、帰ってしまった」というのだ。

ならぬものはならぬ

山川健次郎が東京帝国大学総長にまで昇りつめたから偉いのではない。それはそれで、もちろん偉いのだが、そのような地位に就いても健次郎がアマチュア精神をけっして失わなかったことが偉いのである。「健次郎はアメリカで、物理学だけでなく、公正と正義も学んだ」「健次郎の厳正公正さは学内にも響いていた。依怙贔屓《えこひいき》は絶対にしない。いつも身辺は清潔で、威張り散らすことがない」（星亮一『山川健次郎伝』平凡社）。

健次郎の公正さは徹底していた。九州帝大総長時代、明治天皇のお召列車が門司駅構内で脱線する事故が起きた。天皇は乗車していなかったが、世間は門司駅の関係者を激しく非難した。責任を感じた門司駅構内主任が鉄道自殺を遂げた。そのとき健次郎は『福岡日日新聞』に次のような見解を発表して、自殺した主任を擁護した。

「世間で耳にすることだが、学校が火災に遭い、天皇のご真影を運び出そうとして、命を落とした校長もいる。ご真影も大事だが、教師の命も大事である。命を捨ててまでご真影を救う行為に私は疑問を感じる。今回の自殺も同じ問題が含まれる」。この発言が物議を醸し、国会でも健次郎の責任追及の声があがったが「健次郎は一言も弁解しなかった」（『同書』）。この発言がどれほど大変なことか、想像以上のものがある。

健次郎は武士道を「ジェントルマン」の精神だといっている。「ジェントルマンとはなにか。嘘はいわない、言葉に責任をもつ、約束を守ることであり、武士に二言はないのである。名を惜しむ、恥を知る、卑怯な振舞をしないことである。不意打ち、だまし討ちをせず、強きを挫《くじ》き、弱きを助けることである。勇気を尊び、礼儀を守ることである。そして死をもって道を貫くことも武士の本懐である」。かれが生涯いいつづけたことは、たぶんひとつである。「士君子」たれ、である。

一九〇九（明治四十二）年、新設の明治専門学校（現・九州工業大学）の総裁に就任した健次郎は、教育方針として「徳目八カ条」を定めた。「忠孝を励むべし。言責を重んずべし。廉恥を修むべし。勇気を練るべし。礼儀を濫《みだ》るべからず。服従を忘るべからず。節倹を勉《つと》むべし。摂生を怠るべからず」（中村彰彦『逆風に生きる――山川家の兄弟』角川書店）。

健次郎は生徒たちに厳格だった。早朝、冷たい浴槽での冷水摩擦を強制した。だがその一方で、生徒たちの身を案じて事前に水温を調整していた。食事も健康のために麦飯を常用させ、自分もおなじものを食べた。十年一日のごとく、古いフロックコートとシルクハットを使用しつづけた。住居は質素なものだった。大きな住居に移り住んでも暮らし向きはつねに質素だった。一九一六（大正五）年、寺内内閣から文部大臣の打診があったが、これを拒絶した。

中村彰彦氏は健次郎を「和魂洋才を身につけた日本人の典型のひとり」といった。「武士道の信義と科学者の精神、国に尽くす覚悟と滅び去った藩に対する熱い思いとを、一人格のうえに矛盾なく結晶させていた日本人は珍しい」とも書いた。東京帝国大学で教えていたスウィフトというアメリカ人の教師は、健次郎を〝true and brave〟と評したという。真実にして勇気のひと、である。

山川健次郎の精神の骨格に会津での教えがあったことは間違いない。会津藩上士《じょうし》の子どもたちは六歳になると「什《じゅう》」という十人一組の仲間集団に入り、毎日「什の誓い」を大声で述べあった。

一、年長者の言うことに背いてはなりませぬ。
二、年長者には御辞儀をしなければなりませぬ。
三、虚言《うそ》を言うてはなりませぬ。
四、卑怯な振舞をしてはなりませぬ。
五、弱い者をいじめてはなりませぬ。
六、戸外で物を食べてはなりませぬ。
七、戸外で婦人と言葉を交してはなりませぬ。

（『同書』）

そして、これらの最後に、そのすべての項目について念を押すように「ならぬことはならぬものです」と誓いあうのである。藤原正彦氏の『国家の品格』によってこの「誓い」（そのなかでは「什の掟《おきて》」となっている）は世に多く知られることになったが、藤原氏はこれについてこのようにいっている。

要するにこれは「問答無用」「いけないことはいけない」と言っている。これが最も重要です。すべてを論理で説明しようとすることは出来ない。だからこそ、「ならぬことはならぬものです」と、価値観を押しつけたのです。

（『国家の品格』新潮新書）

わたしもまた「ならぬことはならぬ」ということがあることを認める。これはたしかに「問答無用」のものではあるが、それよりもむしろ「問答不能」なものである。人間の決め事である。あるいは会津の、日本の、人間の文化である。そういうべきものであり、そういうほかないものである。「お兄ちゃんでしょ、我慢するの」「男の子でしょ、泣くんじゃないの」。これに、なぜ？　もへったくれもないのである。

右の「什の誓い」のうち一と二は、今日では若い世代の一部では崩れているように見えるが、まだ現在でも日本人のなかに基本的には残っているといっていい。わたしも基本的には年上を敬って生きてきたはずである。もちろん相手次第ではあったが。

六、七の誓いはとっくに時代遅れである。だが、長距離電車でもあるまいに、電車内でものを食ったり飲んだりする連中は、やはりバカである。電車内でアゴを上げたまま目をつぶってガムをクチャクチャ嚙んでいる中年男。そのままの姿勢で時折、胸ポケットからケータイを取り出してはメール・チェックをし、何事もなかったのかポケットに戻し、またアゴを上げたまま目をつぶってはガムを嚙みつづける。これ、だめでしょ？

現在でも有効なのは、というより有効でなければならないのは、三と四と五である。特に四と五である。アマチュア精神の根幹である。これさえ守れるなら、もう申し分のないアマチュアであるといいたい。

「ならぬものはならぬ」を納得しあわないかぎり人間社会は成立しない。他人にいうだけではない。自分にもいうのである。論理的に考えることはたしかに必要である。だが論理が通用する範囲は意外と少ない。論理が成立しない領域も多数ある。なぜ卑怯であってはならないか、なぜ弱い者を助けなければならないか、なぜ人格を磨かなければならないか、なぜ礼儀が大切なのか。

答えはない。ただそのように教え教わることによって、体のなかに、まっとうに生きてゆくための思考と行動の基準の芯を作るしかない。ほうっておけば人間のド素人やクズになってしまう恐れのある人間を、物語としての「人間」にしていくために不合理や美醜や真偽というものがある、ということを知るためである。

山川健次郎が学生たちに「終生人格を磨くべし」といったのは、当時の政官民の指導者たちが現在の日本とは比較にならぬほど堕落していたからであろう。それも露骨だったはずである。だがその対極に健次郎のような、現在とは比較にならぬほどに見事な人間もまた多数いたのである。だれもが東大総長になれるわけではない。むろんなる必要もない。しかし「士君子」の精神ならだれでも見習うことができる。

格言17　「人格」「誠実」「正直」という言葉をせせら嗤《わら》う人間は下品である。

威風堂々と落ちてゆく・三浦知良《かずよし》

さて、一転する。

「キング・カズ」である。今年四十歳になるが、いまだに現役をつづけている。それだけでも驚嘆に値する。野球やゴルフではない。豊富な運動量を必要とするサッカー選手で、しかもフォワードである。いまや一〇〇メートルも走れないわたしにはその苛酷さが想像できない。

現・東京ヴェルディからイタリアのジェノアに移籍して日本人初のセリエAプレーヤーとなる。しかし不本意な結果しか残せずヴェルディに戻る。一九九八年、フランス・ワールドカップ直前に代表から外された。「日本代表としての誇りと魂はフランスに置いてきた」という名文句を残した。同年、ヴェルディも、事実上の解雇となる。

その後、カズはチームを転々とすることになる。クロアチアのチーム（クロアチア・ザグレブ）に移るも、ここでもまた結果がでなかった。ヨーロッパとはいえ東欧で、はっきりいって都落ちの感は否めなかった。信頼すべきプレーヤーとも知り合えたが、疎外されていた部分も窺《うかが》えた。テレビ取材の女性リポーターに「こっちの言葉で、『この野郎』（だったか）ってなんていうの？」と訊いていた姿をテレビで見た。劣悪な環境のなかでも、闘争心はまったく失われていなかった。

帰国後、京都パープルサンガに移籍。その後、ヴィッセル神戸、J2の横浜FCと転々とした。カズはサッカーができるところなら、どこにでも行った。だんだんと格下のチームへ落ちてゆくことに寂しさはないか、というような問いかけに、明確に「ない」と答えた。たしかに、だれの目にもカズが落ちていったのはあきらかだった。だがここが見事だった。三浦知良は威風堂々と「落ちて」いったのである。「サッカーはどこでもできる。自分の求めるサッカーがあれば、どこにでも行く」（三浦知良『蹴音』ぴあ）。

立派な男だと思った。そうそうできることではない。昔は軽薄な男だ、と思っていた。あのカズダンスに、あの服装のセンスである。ギャグだけはおもしろかったが。カズを見直したのは、しかしずっと前のことである。ジェノアから帰国したときか、その数年後だったか、テレビインタビューでのことである。かれは「イタリアの連中は日本人もサッカーをやるのか？」というくらいの認識しか持っていないと悔しそうにいった。そして「（自分は）つねに世界レベルを意識してやっている」というようなことをいったのである。

わたしはその言葉を聞いて、多少震撼した。そのカズの気概と闘争心だけが、どんな日本の代表選手よりも世界レベルだと思われた。カズはいつも本気である。けっしてグチをいわない。弱音を吐かない。他人のせいにしない。つねに全力である。精神において、外国選手に位負けしない。その後、このカズの気概に匹敵しえたのは、中田英寿、川口能活、中村俊輔、その他数人にすぎない。

カズは今でも、内心は無理だろうとわかってはいても、「日本代表」になることを完全にはあきらめていないはずである。ほとんどあきらめてはいるだろうが、それでもあきらめてはいない。サッカーを辞めれば一〇〇パーセントその可能性はなくなるが、つづけていれば一パーセントでも可能性はある、という自分の言葉を今でも信じているはずだ。横浜FC在籍中、カズは期限付きながらシドニーFCに移籍した。北沢豪がテレビレポーターとしてカズを訪ねたとき、「ジーコ、一度でいいから呼んでくんねぇかな」としみじみいっていたのが印象的だった。

カズ語録をいくつか引いてみる。カズのプロ意識がどういうものかわかるだろう。それが見事なアマチュア精神に裏打ちされていることもわかるだろう。

「ほめられてもけなされても、自分を信じてプレイをしている」「日本には本当のプロは少ない。危機感を持つ選手は数えるほどしかいない」「やっていけるかどうかは、本当は心の問題だと思う。精神力のコントロールが、いちばんむずかしいんだ」「お金をもらうからプロじゃない。どんなときでも手を抜かず、全力で戦うからプロなんだ」「金のためにボールを蹴るのがプロ。夢のためにすべてを捨てるのもプロ」「とにかく、今日を一生懸命やるしかないんだ」（『同書』）

歳をとってからはたしかに体力もスピードも落ちたかもしれない。しかし、まだ上手くなれるはずだ、まだ成長できる、とカズはいう。

「意見は言ったほうがいい」「選手は弱い。勝っても油断する」「正直、4―4―2とか3―

5―2とかどっちがどうなのか、よくわかんないんだよね（笑）」「今は変な欲望はない。人として成長できると思う」「楽しむことが『逃げ』になってはいけない」「40歳になったとき、35歳の自分が未熟だったなぁと思えたらいいですね」「シンプルに仕事をしようと思えるようになった」（同書）

中田英寿はサッカーに死力を尽くした。練習は嫌いだといいながら、つねに、その場その時で最善のなすべきことをした。しかし中田にとってサッカーは人生の選択におけるワンオブゼムにすぎなかった。そのように常々公言もしていた。それが悪いのではない。中田の人生である。しかし三浦知良にとってサッカーは、すべての価値の最高峰である。金でも名声でも名誉でもない。カズという存在はその神に仕える僕《しもべ》なのだ。その姿勢が水際立って美しい。またあの太いネクタイを締めてもらいたい。

テリー伊藤との対談で、テリーが、暗に監督業を示唆しながら、将来はどう考えているんですかと訊く。カズは、監督は「ものすごく厳しく選手に接しなきゃいけないし、情とか入れたらいけないと思う」から、と若干引き気味である。「カズさんやさしいんですか」とつっこむ。カズは即座にこう返す。「やさしいんですよ（笑）。つい、選手の家族のことなんか思い出したら采配が狂うんじゃないか」（三浦知良『おはぎ』講談社）。

スコットランド・プレミアリーグで最優秀選手賞を受賞した中村俊輔が、中西哲生の「将来の目標は？」というインタビューに答えて、小さな声で訥々《とつとつ》と「やっぱカズさんでしょ。キング。キングだし」と答えていたのが、なんともいえずよかった。中村もまた日韓共催ワールドカップのとき日本代表から外された経験がある。中村はそれをバネにしてさらに飛躍した。中村もまたカズとおなじように本質的に「やさしい」プロフェッショナルである。しかし、そのやさしさは強靭である。わたしはそれを、アマチュア精神の強靭さであると思う。

人間国宝を辞退して生涯一陶工・河井寛次郎

文化勲章、人間国宝、芸術院会員への推挙をすべて辞退し、生涯一陶工として生きた河井寛次郎《かんじろう》というひとがいる。「天才」と評された。明治二十三（一八九〇）年島根県安来市に生まれ、その後京都に移り住み、昭和四十一（一九六六）年七十六歳で亡くなった。かれもまた明治のひとである。

一人娘の須也子さんが同志社女学校に入るとき、父親の職業欄にどう書けばよいかと訊くと、寛次郎は「『陶磁器製造業者』と書いておきなさい」といった。かれは「陶芸家」「陶芸作家」という気取った名称を嫌ったのである。またあるとき、「物を購《あがな》うとき、何を基準に選んだらよいか」と訊くと、寛次郎は「誠実、簡素、健全、自由」と答えたのだという。須也子さんはこのように書いている。「父は元来、自分をPRしたり、自分をひけらかしたりすることを本質的に『愚の骨頂』と思っている人」だった、と。

いうまでもなく寛次郎は職業陶芸家だった。アマチュアでも素人でもない。当然「プロ」であり、わたしのような陶芸の素人がいうのもなんだが、超一流のプロフェッショナルである。けれど寛次郎を形容するに、「プロ」といい「プロフェッショナル」という言葉のなんと下品なことか。寛次郎にあったのは、考えられうるかぎり純粋なアマチュア精神である。かれが住み込みの少年にまずいったことは「立派な陶工になる前に、まず立派な人間にならなくちゃいけないんだ」ということであった。

某月某日。寛次郎が、須也子さんとその三歳になる子どもがコーヒーセットでままごとをしているところへやってきた。寛次郎は、持ち手のところに可愛らしい小鳥が一羽ずつ止まっているカップを手にとって、つくづく眺めたあとにこのようにいって涙ぐんだ。「これを造っている人達は賃金も安く、生活も大変なんだよ。無意識に量産しているのだろうけど、どうだ、カップのハンドルのところにこんなに可愛い小鳥を止まらせているじゃないか。素晴らしいことだ。我々の仕事も、もっともっと勉強しなくちゃ、この玩具の陶器に対して恥ずかしく申し訳がないよ」(河井寛次郎記念館編『河井寛次郎の宇宙』講談社カルチャーブックス)。

山川健次郎は自分を律し、学生たちに薫陶《くんとう》を与えたが、寛次郎はひたすら純粋に事に仕えようとした。仕事をした。寛次郎は「有名は無名に勝てない」ともいった。寛次郎の孫で河井寛次郎記念館学芸員でもある鷺珠江《さぎたまえ》氏はそれを解説して「つまり、先達(中国古陶磁)の素晴らしい陶器は無名陶で、美の方が追いかけている世界であるのに対し、自分がいくらそれを追い求めても、美を追いかけるばかりで、それ以上のものにはなれないのではないか、ということ」と書いている。

その言葉を実践するかのように、おどろいたことに寛次郎は、四十歳前後から自分の作品に「銘」を入れなくなる。かれが作った全作品の七、八割に「銘」がないのだという。ひとからそれでは贋作が出回るようになるといわれると、寛次郎は「それが素晴らしければ、それも本物でしょう」とまったく意に介さなかった(同書)。かれの書いたものを読むと「自分」という言葉が頻出する。しかし、寛次郎の「自分」はちがった。自分に出会うための自分である。かれは世俗の「自分」は放念していたのである。

寛次郎は人間国宝を辞退したとき、友人にこのようにいったという。「地方にゆけば名前は知られていなくても、自分なんかよりうんと立派な腕を持って宝物を作っている方がまだまだおられる。その方たちが先で自分の順番はまだこないんだよ。それに人間を国宝と呼ぶなどナンセンス」である、と（橋本喜三『陶工　河井寛次郎』朝日新聞社）。

寛次郎に「手考足思」という言葉がある。手で考え足で思う、ということで、「頭」でないところがいかにも職人の真骨頂である。「手霊足魂」という言葉もある。仕事と自分というテーマに関する詩句も多い。寛次郎の詩句を『火の誓い』（講談社文芸文庫）からいくつか引いてみる。

この世は自分をさがしに来たところ／この世は自分を見に来たところ／どんな自分が見付かるか自分

どこかに自分がいるのだ——出て歩く

祈らない　祈り／仕事は祈り

仕事が見付けた自分／自分をさがしている仕事

仕事の一番すきなのは／苦しむ事がすきなのだ／苦しい事は仕事にまかせ／さあさ吾等は楽しみましょう

追えば逃げる美／追わねば追う美

そして、最後にもうひとつ。「この世このまま大調和」。

この言葉について、寛次郎は自ら説明を加えている。

戦時中のある日、寛次郎は、「明日は再び見る事の出来ないかも知れない」京都の町を見ておこうと思い、新日枝神社の近くに座って暮れゆく町を見ていた。警報が頻々《ひんぴん》に鳴る日だった。

その時でありました。私は突然一つの思いに打たれたのであります。なあんだ、なあんだ、何という事なのだ。これでいいのではないか。これでいいんだ。これでいいんだ。焼かれようが殺されようが、それでいいのだ。――それでそのまま調和なのだ。そういう突拍子もない思いが湧き上がって来たのであります。そうです、はっきりと調和という言葉を、私は聞いたのであります。

なんだ、なんだ。これで調和しているのだ。そうなのだ。――と、そういう思いに打たれたのであります。しかも私にはそれがどんな事なのかはっきりと解りませんでした。解りませんでしたがしかし、何時この町や自分達がどんな事になるのか判らない不安の中に、何か一抹の安らかな思いが湧き上がって来たのであります。私は不安のままで次第に愉しくならざるを得なかったのであります。頭の上で蟬がじんじんと鳴いているのです。それも愉しく鳴いているのです。左様なら、左様なら京都。(同書)

このときの、打たれ感じた境地を、寛次郎は「不安のままで安心」といっている。七十五歳のときに書いた「自警」の文章がある。わたしには全部は判読できないのだが、そのなかにこのような言葉がある。「誠実一途ヲ念じマシヨウ」「刻々新しイ自分ニ富面イタシマシヨウ」「素晴ラシイ自分ヲ見付ケマシヨウ」。この翌年に寛次郎は死ぬのだが、この歳になっての「自警」である。しかも、それが「誠実一途」だったとは。

不屈のクライマー・山野井泰史

沢木耕太郎氏の『凍《とう》』（新潮文庫）に描かれた登山家・山野井泰史氏は、小学校五年生のときにテレビで「モンブランの挽歌」という映画を見て衝撃を受けた。クライマーになりたいという夢を抱き、そのことがかれの人生を決定した。小学生向けの入門書を読み、叔父につれられて奥多摩や南アルプスに行くようになった。その本のなかに「酸素ボンベを使わずエベレスト山頂に登った人間はいません」という記述を見つけると、山野井少年は「他の人は勇気がないから挑戦しない、僕ならできる」と思ったのだった。

もう、生まれながらにしてクライマーになることを運命づけられた男である。そのようにいうほかはない。だってふつう、わずか十歳で、しかも山岳映画などに衝撃を受けることができるだろうか。「小さいころから、何をしても普通で目立たない子どもだった僕が、ひとつだけ変わっていたことがある。友達が怖がる危険なことを、勇気さえあれば必ずできると信じていたことだ」。

二十代、「もっとも危険なクライマー」といわれた。友人を何人も山で失っていた。「山野井は運がいいから生き残れたんだ」といわれたが、しかしかれは「それは決して正しくないと思う」。

その時その時、計画のなかで自分の技術と体力が、これから向かう山の難しさを突破できるのかいつも悩み、心から登りたいのか考え、実際の登攀《とうはん》中も山からの危険を読み取り、自分の能力を見つめ、そのなかで最高の決断を下してきたつもりである。僕は、誰よりも登攀中は臆病なほど慎重になるし、どんなに天候が悪くても、どんなに脆《もろ》い岩が出てこようと、一瞬たりとも諦めようと思ったことがない。どんなに限界状況に陥っても、生き延びようとする強い意思を昔から持っていたと思う。（山野井泰史『垂直の記憶』山と溪谷社）

感嘆すべき意思である。人間はじつにさまざまである。生き方もまたさまざまだ。しかし、いくら「さまざま」とはいえ、山野井氏はまるでわたしたちからは盲点のような場所にいる。山に魅せられたこのような男がいるのである。登山というより登攀である。つねに生か死かの「限界状況」に挑みつづける登攀である。

アマ・ダブラム西壁登攀。六八一二メートル。山野井氏は基本的にソロ・クライマーである。「酸素ボンベを使用せず、フィックス・ロープも高所キャンプも設置しない。ザックひとつを背負い、一気に氷河から頂までたった一人で登る」。

しかし、このようなルートの問題は、登り出したら敗退が難しいことだ。ビバーク・ポイントもビレー・ポイントもほとんどなく、登り出したら最後、休むことなく手足を動かし続け、絶対に完登しなければ帰ってこられる可能性は少ない。またほとんどロープを使えるとは思えないルートなので、フリー・ソロで決行しなければならない。さらに南西稜まで抜けるのに二十時間近くかかると思われるが、一秒たりとも気が抜けないだろう。今の僕の体と西壁のコンディションを考えると、今回は本当に死ぬ可能性がありそうだ。

（同書）

それでも山野井氏は、行くのだ。アタック直前には「恐怖が全身を覆っている」が、どんなに怖くても「必ずアタックする自分を知っていた」。天空高く垂直に聳《そび》え立つ地上六千メートルの断崖にぶらさがりながら、「月明かりを見ていると山の中に一人でいることを幸せに感じる」。遠くで雪崩の音が聞こえるが、それが「今の僕には子守歌のように聞こえ」る。登攀に成功する。かれはすごいことをさらりといっている。「本当に死にたくないならば登らない方がよい」。

山を登り始めてから今まで常に、「もっと難しい壁に、もっと厳しい環境で、もっとシンプルなスタイルで」と、自分の限界を押し上げてきたつもりだ。（同書）

けれど山野井氏の記述には、自分はこんなにすごいことをやっているのだ、という気負いがまったくない。文章に過剰も過少もない。事実だけを淡々と述べ、考えていることをそのまま差し出しているだけなのだ。おそらく山野井氏自身、そういう男なのだろう。そしてその姿勢が逆に、かれの言葉と行動の真実を告げるのである。

「クライミングはほかのスポーツなどに比べて、自分の力量が測りづらい。名声だけを求めて高いレベルに推し進めていくと、それは必ず死を予感させることにつながるのだ。ごく一部には売名行為のような登山をするクライマーもいるが、彼らの実力はたいていたいしたことがない」

「空腹だって、困難だって、僕は楽しめるようにできている。（略）僕だって平凡な人間だから、簡単には気持ちをコントロールできない。しかし、登るために必要なことは、すべて受け入れようと思っているのだ」

チョ・オユー八二〇一メートルを登ったときの感想はこうである。「強い感動はない。もう登らなくてもいいんだという安堵感と、この場所に今一人、座っている小さな喜びを感じるだけだ」「はたして人は大きな夢を現実にした瞬間が最も幸せと言えるだろうか。僕は上に向かって前進しているときが、一番幸せのような気がしてならない」「僕は登った。そのうえ生きて帰れる」「過去に経験したことのないくらい自分自身を強く、また頼もしく思えた」。山野井氏は山から帰還するとき、「クライム・マシーンから普通の人間に戻っていく」のである。

かれは人づきあいの悪い偏屈な男ではない。孤高を気取るような男ではない。花が種子からつぼみとなり、やがて自分の花を自然に咲かせるように、山野井氏は自然のままにそのまま成長した男のような気がする。「クライミング以外にお金のかかる趣味を持っていないし、昔から物欲はほとんどない」というのがいい。

かれは「生きものすべてが好き」といっている。「比較的人当たりもよいし、誰とでも仲よくなれると思う。また友人も多くいる方だと思う」「いろいろな友人と一緒に登れたおかげで、喜びを共有できたと思うし、助言や情熱も与えてもらった。彼らとの交流がなければ、僕の成長もなかっただろう」。後藤正治著『不屈者』(新潮社)には、その友人たちの声が書かれている。かれらが口にするのは山野井氏の「純粋さ」であり「品性」であり、「彼がいることが自分の財産」という、この上ない讃辞である。

可愛いところもある。奥さんの妙子さんは山野井氏が信頼する一流の登山家でもあるのだが、彼女が山のように山菜料理をだすと、かれは内心このようにつぶやくのである。「これをすべて食べさせられるのかと思うと、いやになることもある」。

野心がまったくなかったわけではない。山野井氏もひとの子である。奥さんと二人でマナスル北西壁に挑んだとき、二人とも雪崩に巻き込まれ、九死に一生を得た。かれはこのように反省している。「無数のセラックが立ちはだかる氷雪壁に挑戦するのは自殺行為に等しかった」「未踏の巨峰に対する汚い野心が、僕を上に向け登らせてしまった」と。自分の行為を「汚い野心」といっている。世俗的野心よりも多く、自分の実力以上のものに対する身の程知らずの野心、である。方向がちがうのだが、それを自分で認めることができるのが山野井氏の非凡なところである。

ギャチュン・カン七九五二メートル。この山でまたもや山野井夫妻は雪崩に遭い滑落した。このときの登攀行が沢木氏の『凍』に描かれた。奇跡的に生還した。「奇跡」というのは修辞ではない。ほんとうに奇跡的である。凄絶というほかはない。わたしだったら身も世もなく絶望して間違いなく死んでいる。「こんなアマチュアになりたい」というのが本章のタイトルだが、もうプロもアマもない。とてもなれやしない。

山野井氏にあるのはただ純粋に遙かな山に登りたいという意思、どんなことがあってもけっして絶望しないという絶対意思である。「理想のクライマーを追いかけ、近づこうと試みる。そこには登攀史も名誉も何も関係ない」「僕は、空気や水のように重要で、サメが泳いでいなければ生命を維持できないように、登っていなければ生きていけないのである」。こんな男にはとてもなれない。アマチュア精神の結晶である。

「国内で最強」、世界でも「ファイナリストに入るクライマー」（『不屈者』）といわれた山野井氏はギャチュン・カンで手足の指十本を失った。登山家にとっては致命的である。しかしかれに後悔はまったくない。むしろ「すがすがしい気持ち」だという。ただ、ヒマラヤのマカルー西壁やジャヌー北壁（門外漢にはよくわからないが）をソロで登るといった「長い間、温めていた最高の夢を諦めなくてはならない」ようになった。それだけが「悲しみ」だ。しかし――

それでも僕は現在も登っている。岩を登っている感覚が好きだし、深い森の中を歩きまわっていると落ち着くのだ。僕には登る意義など本当に関係ないのだ。初心者に戻ってしまったが、また上を目指して一歩一歩、登っていこう。僕の二度目のクライミング人生は始ったばかりだ。どこまで行けるかわからないが、登っていこうと思う。（『垂直の記憶』）

山野井泰史氏は現在四十二歳である。次のような言葉には沈黙するしかない。「かりに僕が山で、どんな悲惨な死に方をしても、決して悲しんでほしくないし、また非難してもらいたくもない。登山家は、山で死んではいけないような風潮があるが、山で死んでもよい人間もいる。そのうちの一人が、多分、僕だと思う」「ある日、突然、山での死が訪れるかもしれない。それについて、僕は覚悟ができている」。

いま現在、この日本に、このような男がいる。そのことを知るだけでも意味があると思われる。後藤正治氏は山野井氏を訪ねると「やすらかな気分でいられた」「透明で、無償の精神に触れた心地よさ」だった、と書いている。

6

これが負けないアマチュア的思考

負けないとはどういうことか

本書の「2　生きる方法としてのアマチュア」の終盤で、アマチュアはプロに負けるかもしれないと書いた。負けてもいいのだと書き、その負けはいいのだ、とも書いた。ただし「世間的な価値観」に照らせば、と限定した。世間的な価値観とは、成功のことである。成功とは、一言でいうなら、金持ちになることである。それと一体化した地位であり名声である。そうである以上、アマチュアは負けるに決まっている。

自慢ではないが、アマチュアには金も地位も名声もない。だが、みなさんおわかりのように、そんなものがなくても「オレは負けた」と落ち込んでいる人間などいやしない。だれもそんな世間の評価によって生きているわけではないからである。地位や名声などどうでもいいが、金だけは欲しいと思うことはあろう。それにしても、犯罪を犯してまでも欲しいと思っているわけではない。

ただし、人間は他人から認められることを欲する生き物である。これまで別の本で何度も書いてきたが、人間は自分を他人に証明したがる生き物である。

プロは結果がすべてといわれるが、プロだけなものか。結果がでないプロはいくらでもいるが、プロだけなものか。アマチュアは動機もプロセスも重視するが、もちろん結果をも求めている。人間はだれでも結果を求めているのである。

けれど、夢はかなわない。願いはとどかない。努力は報われない。がんばったけれど、だれも認めてくれない。そういうことはザラにある。だが、なにを恨んでも、だれを恨んでもどうにもならない。では、かれの人生は終わったのか。そうではない。またその場所から始めなければならない。生きていれば、挫折するのは当たり前である。

結果がすべて、など雑駁《ざつぱく》な言い方である。戦争じゃあるまいし。命を取られたわけではない。ほんとうに結果がすべてなのは、死ぬか生きるかのときだけである。とするなら、たかが挫折である。たしかにつらいことだが、たかが挫折である。そこから立ち上がるほかはない。生きなければならない。ならない、ということはないが、死ぬのがいやなら、生きるしかない。

もう、いい。努力は報われず、夢はかなわず、願いはとどかない。他人は認めてくれない。しかたのないことである。ならば、自分で自分を認めるしかない。オレは大丈夫か。勝ってもいないが負けてもいない、オレは大丈夫だ、といえることがどうしても必要である。そして、そのように確信できるための生の基軸がアマチュア精神である。

なにが正しいのかに照らしても、自分は間違ったことはしてこなかった。できるかぎり懸命に仕事をした。真剣にひとを愛した。引き受けられるだけの責任はとろうとした。逃げも隠れもしなかった。自分だけの利害は優先しなかったはずだ。ようするに、一個の非力な人間ができることのすべてはやってきた。

このように考えることができるなら、自分で自分を認めることができる。それが、「この負けはいいのである」の、「いい」の意味である。金や地位や名声で自分を証明しようとし、他人からの承認を要求する者は、ただふんぞりかえっているだけである。金も地位も名声も失えば、そんな自己承認にはなんの意味もない。

アマチュア精神に則《のっと》ってなされる自己承認は最強なはずである。一生持続しうる自己承認である。そして、このような人間なら、ひとりの他人も認めてくれないなどということは絶対にありえない。これはもう、絶対にありえない。アマチュアは負けないのである。「プロ」に勝つか負けるかなどどうでもいい。かれらは敵ではない。アマチュアは世間にも自分にも負けないのである。

社会の価値観ではなく自分の価値観を持つ

大切なことは、どのような人生観や価値観を持つかということである。人生観などというと堅苦しいが、なにも気張ることはない。自分はどんな人生をよしとするか、自分の人生にとってなにが大切か、を考えるだけのことである。

とはいえ、金儲けが一番、金を持っているやつが一番偉い、などという考えに脳が支配されてしまっては、どうにもならない。プロもアマも失格である。たしかに、どのように考え、どのように生きるかは個人の自由とはいえ、金が一番など、わたしの考えでは最低である。自分の利益のためなら他人はどうなろうと知ったことではない、も最悪。そんな人間は生きている資格はないが、腹立たしいことに、そんなやつにかぎってのうのうと生きているのである。

社会（世間）には社会（世間）の価値観がある。しかし、そのほとんどが二重基準である。人生は金ではないといいながら、本音は金である。地道が大事といいながら、評価するのは成功者である。庶民の生活に目を細める振りをしながら、ほんとうは有名人の動向に興味津津である。長寿世界一を寿《ことほ》ぎながら、じいさん・ばあさんばかりが増えて迷惑だと思っている。心が大事といいながら、実際に持て囃《はや》すのは美貌である。

他人もまたそのひと自身の人生観や価値観を持っている。いったんできあがった人生観や価値観は、よほどのことがないかぎり変わることはない。そんなものは持ってない、というひとがいるだろう。社会（世間）の価値観をほとんどそのまま自分の価値観にしているひともいるだろう。であるなら、それがかれの価値観である。

わたしたちは社会（世間）のなかで生きている。だから、完全に社会（世間）の価値観を無視することなどできない。損か得か、貧か富か、小か大かの前に立たされれば、得と富と大を選ぶのは人情である。といって入り込みすぎれば翻弄され、拒否しすぎれば孤立する。わたしたちはまた他人との人間関係のなかでも生きている。さまざまな価値観があるからこそ、人間はおもしろいともいえるし、だから衝突が生じるともいえる。

生きるとは、そのような他の価値観と自分の価値観とをすり合わせることである。そこで譲れるところと譲れないところを腑分けしなければならない。自分にとって金とはなにか、仕事とはどうあるべきか、ひととはどう接するべきか、男（女）であるとはどういうことか、などなどを考えて、自分のバックボーンとする。このバックボーンがなければ、寛容も対立もない。覚悟もでてこない。

社会（世間）や他人の価値観を無視することなどできないし、する必要もないが、わたしたちは社会（世間）や他人の価値観のために生きているわけではない。わたしにかぎっていえば、わたしは社会（世間）のために生きているわけでもない。結果的にすこしは社会のためになったとはいえるかもしれないが、意識的に社会のために仕事をしたわけではない。けれど口幅《くちはば》ったいことをいうなら、ある特定の他人のために仕事をし、生きてきたといってもよい。それが自分を生きることだったからである。

自分の価値観とは、いいかえれば自分にとっての「意味」である。社会（世間）や他人の価値観にとっては無価値のように見えても、自分にとっては「意味」がある。誠実などといいだせば、弱肉強食や豪放磊落《らいらく》を気取る世間では嗤《わら》われるのがオチかもしれない。しかし、それを固守するのが「アマチュア精神」である。

格言18　自分の価値観を持つということは、自分だけの「意味」を持つことである。

アマチュアにとって金とはなにか

昨年、夏の甲子園で斎藤佑樹というヒーローが誕生した。斎藤擁する早稲田実業と田中将《まさ》大擁《ひろ》する駒大苫小牧の決勝戦、再決勝戦は、野球ファン以外の人間をも熱狂させた。下手なプロ野球以上に、高校野球にひとが魅かれる最大の要因は、どう考えてみてもそのアマチュア精神にある。むろん高校野球だけではない。高校ラグビーも、ブラスバンドも、合唱も、その他の競技も同様である。

かれらが目指し、手に入れることができるのは、優勝という名誉だけである。なかには甲子園での初の一勝を目指す高校もある。球児のなかの優れた何人かにとっては、その道がプロに通じているのかもしれない。しかしそんなこととは関係なく、少なくともあの夏の時間と、あの甲子園球場という場を支配しているのはやはり無償の精神である、というべきであろう。

真の純粋や真の無償などないのかもしれない。けれども、たとえば海上保安庁の特殊救難隊員が人命救助に献身するとき、かれらはその仕事によって収入を得ている「プロ」とはいえ、その「プロ」の技量と精神は使命に捧げられているというべきである。遭難者から金をもらうからやっているわけではない。その献身的行為はやはり無償なのだ。

高校球児たちが、すべてアマチュア精神の持ち主だというのではない。伊丹十三《じゅうぞう》は高校球児の無知や粗野や尊大を嫌ったが、たしかにそういうことはあるのである。高校野球を見るファンもまた、かれらが純真無垢で品行方正な高校生ばかりだなんて思っている者はひとりもいやしない。喫煙、飲酒、暴力、制裁など少なくないはずである。大学の体育部の学生が強姦や強制酒や近隣騒音で事件を起こしたのはひとつやふたつどころではない。

だからこそ、斎藤佑樹というひとりの高校生にひとびとは尚更感心したのである。そのひたむきさはもちろん、今時の高校生（青年）にこういう端正で落ち着いた礼儀正しい子がいたのか、と。かれに感動した中野翠さんは『斎藤佑樹くんと日本人』（文春新書）という本まで書いたのである。わたしたちは世俗にまみれながら、ほんとうは純粋や無償や献身を見たいのである。

ドラフトでの裏金問題が発覚した。プロ野球の球団は謝罪した。高校生の特待生制度もある。アマチュアがアマチュア性を失うとき、かならず金の問題が絡むのである。もちろん、金をだすのは「プロ」の側である。大人の側、といってもいい。アマチュアに金はない。それをケチな特権を使って、せめて「プロの下」並みでもいいから甘い汁を吸いたいと思ったのが、公務員の裏金造りである。なんらかの特権意識を持ったとき、アマチュアはいとも簡単に堕落する。

スポーツアマチュアが金に結びつくのは資本主義社会では当然である。卓越したアマチュアであればあるほど高額の金につながっている。子どもをプロゴルファーにしたがる親は、あきらかに金目当てである（あとは有名性）。だってゴルフだけだよ、賞金王なんてミもフタもない呼称があるスポーツは。十五歳の石川遼君が史上最年少で優勝した。だがアマチュアだから二千万の賞金（の半分？）は二位のプロに渡された。賞金がかかっている大会なら、プロもアマも関係あるものか。石川君にやればいいのである。

松坂大輔が百億円の移籍金・契約金でボストン・レッドソックスに行った。日本のマスコミと世間は沸いたものである。破格な契約額はプロとしての勲章である。けれど、松坂がその契約額に小躍りして喜んだはずもない。毎年、マスコミは野球選手の契約更改推定額を報じる。今はなくなったが、以前は全国長者番付なるものが発表されていた。それを見て、われわれは「へー」とおどろいたものである。おどろいたが、自分とはなんの関係もないのであった。一瞬、バカバカしい感情が動いただけであった。けれど斎藤佑樹君を見ていると、なにかうれしくなるような心が動いたのである。

人間としてのアマチュアは金に無縁だというのではない。そんなこと、あるはずもない。大した生活ではないが、だれにでも生活はあるのだ。生活をしていくのに最低の収入しかなければ、「アマチュア精神」など吹っ飛んでもしかたがない。ところが、そんな精神だけではメシが食えない！　と思うのに、そういう苦難のなかでもまっとうに生きているひとはけっして少なくない。そういうひとこそ真のアマチュアである。そんなことといわれてもなんの腹の足しにもならないが、そうである。

金に逼迫《ひっぱく》すれば、心が逼迫する。わたしにも経験がある。これほど心細いことはない。人生を舐《な》めてかかって勝手に金に窮する者はある意味で自業自得だが、仕事への意欲もあり一生懸命働いても生活ぎりぎりの収入しか得られないのは、人間社会が避けることのできない不条理である。しかしそれと同等か、もしくはそれ以上に、為政者の責任でもある。ろくでもない経営者もいる。

ところが立法行政者にとって、極端にいえば、関心があるのは省や党の保持拡大であり、睨《にら》んでいるのは選挙である。自分一個の保身である。手にするのはせいぜい統計資料だけである。その数字のなかに埋もれている一人ひとりの個人などまったく眼中にはない。

そのことを嘆いても埒《らち》はあかない。政治や社会や親や他人や環境を恨んでも、金が空から降ってくるわけではない。自分でやるしかない。金ごときで心が逼迫するなど情けないことこの上ないが、なんとかすこしだけ余裕のある収入は確保するように努めたい。ただ無目的に金のための金が欲しいのではない。何十億円など無意味である。お金はいくらあっても邪魔にはならない、なんて一見気の利いたような言い方があるが、何十億円など邪魔である。そんな心配する必要もないけれど。

格言19　ひとは金には感動しない。人間にしか感動しない。

仕事をいたずらに神格化しない

いまだに、男は仕事だ、などと時代錯誤なことをいう者がいるが、それは論外だとしても、仕事がすべてだというひとは少なくない。野茂英雄に、頭のなかを一日二十四時間の円グラフだとして、野球や趣味や生活のそれぞれの割合を描いてもらったとき、野茂は二十四時間全部が野球と書いたのである。藤原正彦氏もたしか、数学者は二十四時間数学のことを考えるようでなければモノにならない、と書いていた。厳密にいえば、そんなことできるはずもあるまいが、それくらいの覚悟で仕事をやっているということなのだろう。

ある作家は死の直前まで原稿に手を入れていた。ある役者は舞台の上で死ねたら本望だといった。そういう話もまたよく聞く。仕事の鬼、なんて言葉もある。それがある種の美談としても語られる。もちろん、それはそれでよい。人間は一個の命をなんにでもかけるものである。それが仕事であって悪いわけはない。そのように集中する時期が人生のなかに一度はあっていい。というより、あったほうがいい。

わたしもまた、仕事が人生でもっとも大切なことだと考えることにおいて、人後に落ちない、といいたいが、落ちる。申し訳ない。落ちる、のである。仕事といっても千差万別である。一概に「仕事」とはこうだ、ということはできない。わたしは三十五年間会社に勤めた。当然、会社の業績をあげるために働いた。顧客のために、他人のために、自分のために働いた。仕事は基本的におもしろかった。はっきりいって、わたしは仕事をすることによって、他人を学び、自分を学んだ。人間を学び、仕事とはなにかを学び、自信というものがどのように形成されてゆくかを学んだ。そう断言することができる。

だが、所詮《しょせん》は「会社」である。宮仕えである。仕事には尽くしたつもりだが、性格的にも思想的にも「会社命」になどなるはずもなかった。会社はたしかに仕事だが、仕事はそのまま会社ではない。日本の就職は就社である、といわれる。仕事（職業）は即、会社（組織）を意味しているのである。自分に全責任がかかる自営業ならまだしも、会社に身も心も捧げるなど狂気の沙汰である。

日本の会社の九五パーセントは中小企業である。ほとんどの会社員は安月給で、それ以上の仕事をしている。それをいいことに、従業員を安月給でこき使おうとする経営者はただの下司である。人間のクズである。周囲の者が一生懸命に働いているときに、オレは給料分しか働かないのだという「合理的」人間はただの小賢《こざか》しい者でしかない。

三日間で三時間しか睡眠時間がとれないトラック運転手がいる。生活のためにやらざるをえないのだ。生活や人間関係が仕事に従属させられているのだが、政治はほったらかしである。過酷な労働を強いられている医者もいる。三十六時間、七十二時間勤務を余儀なくされる医者がいるのだ。過労死させられるひともいる。ところがどんな大企業であろうと、社の保全のために、過労死する社員を見殺しし、その事実を厚顔にも否定するのである。

仕事はいうまでもなく大切である。しかし、死ぬまでやるような仕事は、もはや「仕事」とは呼べない。生活のための苦役でしかない。それを強いる者が、仕事や会社をいたずらに神格化する者たちである。仕事のためならなにをしても許される、なにをしても許されなければならない、と考える無能愚劣な連中である。

修行ならまだ我慢もできよう。仕事を意味のない苦役に変えて平気なサディストがいるのである。たかが仕事なのに怒鳴る。恥をかかせる。裸になるのが仕事の女性に「ただのヌギタレ（脱ぐタレント）だろ、てめえは！　早く脱げよ！」と怒鳴る業界人。死んでしまえ。

この例（この現場）は特殊かもしれないが、このような腐れ根性はけっして特殊ではないのである。

格言20　「仕事ではないか」と自分に言い聞かせるとき、ひとは成長する。「仕事だろうが！」と他人を恫喝《どうかつ》するとき、その人間は堕落している。

組織をオープンにするという常識

仕事は本来、楽しいはずのものである。楽しくなくするものが風通しの悪い組織である。加えて、その組織に盲従する無能人間である。勉強も本来は楽しいはずのものである。楽しくなくするものが学校であり試験である。いい職場の条件は風通しがよく、仕事以外では個人の自由を認める寛容にある。そのような組織を構築したひとがいる。

「はてな」はネットサービス会社といっていいのか、わたしはその辺りにまったく疎《うと》く、その業態も利益の仕組みも皆目わからない。社長の近藤淳也氏はたぶん三十歳そこそこで、社員たちも全員若そうである。わたしは若者だけで構成される会社に対して偏見があった。今もないわけではない。会社に勤めていたころ一、二度接触したことがあるだけなのだが、アピールの仕方ががさつで一方的だったり、営業マンの顔に「躍起」という表情が浮かんで暑苦しく、とても信頼することができないという経験があったからである。

若者中心の会社の象徴といえばライブドアである。ところが、前社長の堀江氏が株主総会で涙を流したあと、その夜の社のパーティで土方姿をしたりレイザーラモンHGの姿をしたり上半身裸になったりの大盛り上がり風景がテレビで映されたが、ああいう学生っぽい「バカノリ」体質がわたしは大嫌いである。わたしが嫌いであろうとなかろうとなんの意味もないが、反吐《へど》がでる。

近藤氏の「はてな」にはまったくちがう雰囲気がある。かれにはもともと、組織とはこういうものだ、仕事とはこういうものだ、という世間の常識に対する違和感があったようである。「僕は『好きなようにやりたいのに、そうさせてくれない強制的な力』がどうにも気になって、その強制の根拠を納得いくまで知りたがる傾向があるようです」(『「へんな会社」のつくり方』翔泳社)。

その「強制的な力」への違和感が、近藤氏の組織論に顕著に表れている。仕事や組織に関して開放的であり柔軟なのである。つまり可能なかぎり会社を社員にも社会にも開く、オープンにするのである。

「共有すべき情報を、積極的かつ適切に相手と共有する能力がとても大事」だ、と近藤氏はいう。それができない場合でも「せめて嘘をつかない」「問題に関する情報を嘘をつかずに誠実に伝え、その結果想定される批判やトラブルについては自分の責任の上で処理することを受け入れる、そういうことがいつでもできるようになりたい」。

「はてな」では、現在の日本のすべての組織のなかで、もっとも望みうる最高レベルでの開放性が実現されているように思われる。「情報の私物化を禁止する」「情報は閲覧者が選択する」「会議の議事録は社内のグループウェアにアップする」「はてなではなるべくだらだらと長い時間働かないよう気をつけています」。「『遅くまで会社にいる人が偉い』みたいな風潮が定着」しないようにする。ミーティングでは「なるべく否定的な意見を言わずに、発言が『質問』か『代案』になるように心がけ」る。「『まっとうな意見が通る組織』を作る」。

若い世代でこういうひとがでてきたのである。じつに見事なアマチュア精神が横溢《おういつ》しているのだ。

近藤氏は、「はてな」が「信頼性を獲得している一番の要因は、ソースコードが公開されていること自体ではなく、不具合が発生した際に修正されるプロセスが公開されていること」だといっている。まったくそのとおりである。「プロ」の大人、「プロ」の会社は不祥事をウソで固めたがる。情報を隠し、その公開をできるだけ遅延させたがる。墓穴を掘っていることに気づかないのだ。そうではなくて、可能なかぎりすべてをあきらかにする。「せめて嘘をつかない」。これこそが信頼につながるのである。組織も個人もおなじである。

近藤氏は、会社という組織を、そこで働いている人間の上に置かない。つまり、個人を組織の奴隷にしない。むろん、仕事は楽しいことばかりではない。だが、基本的に楽しくなければ仕事ではない、という考えが根底にあるはずである。仕事が楽しくなるためには、楽しめるだけの実力をつけなければならない。その力がついていく過程もまた楽しいのである。

「はてな」では会議は立ったまま。多くの社員が自転車通勤。こんなことは好きずきだが、風通しのいい組織はそれだけで価値である。上層部を同族とコネで固めた会社なんか、なんの意味もない。それで従業員にだけ安月給で過酷な労働を強いるなど犯罪的である。すべてのことを可能なかぎり内にも外にもオープンにする、という近藤氏の組織論は画期的である。

プロ野球球団とサッカーチームを持っているR市場の社長が、社員採用試験の面接で、被面接者を「おまえ」呼ばわりしたという（当の学生が新聞のコラムに書いていた）。その社長は若者ではないし、この話もたぶんほんとうだと思われるが、そういうリーダーはよくないと思う。わたしがよくないと思ってもなんの意味もないが、まったくよくない。あきらかにのぼせあがっているのだ。

格言21　オープンにすること、嘘をつかないことが信頼への道。

自分の頭で考えることはできるのか

よく、「プロ」がいう言葉がある。「自分の頭で考えよ」である。わたしもそう思う。ひとは世間や他人の言葉に惑わされず、自分の頭で考えなければならない。そうでなければ、自分ひとりで立つことができない。ところがですね、これにも当然限界がある。そういう「プロ」だってできてるわけじゃないのである。

日々のニュースを見る。たとえば死刑問題。世界の趨勢は死刑廃止である。だが単純に考えて、自分の快楽のためだけにひとを殺してへらへらしている人間は死刑にしていいのではないか。のうのうと矯正や社会復帰などされてたまるか、と思っていいのではないか。などというと、国家が殺人を犯していいのか。冤罪《えんざい》だったらどうなる、と反論がでる。わたしの考えははっきりしている。死刑廃止なら終身刑を導入せよ、である。

では、米軍基地問題はどうしたらいいか。日米関係はどうあるべきか。靖国問題は？　安全保障。核武装問題。BSE問題。犯罪の低年齢化。監視社会。自民党か民主党か。憲法改正。天皇制はこのままでいいのか。共謀罪は是か非か。小学校から英語を教えるべきか。愛国心の涵養《かんよう》を教育基本法に明記すべきか。中東問題。日本は国連常任理事国になるべきか。アフリカの飢餓。宗教対立。地球温暖化は？　経済格差はどうだ？　臓器移植。安楽死。少子化問題。年金制度。裁判員制度。

そんなもの、わかるか。そもそも、そんな問題があることさえ知りはしない。

『常識「日本の論点」』（文春新書）を見ると、右に挙げた問題のほかにも、「学校行事に国旗・国家は必要か」「成人は何歳からが妥当か」「官僚支配のどこが問題か」「教科書検定制度は必要か」「日本社会の差別とは何か」「がん告知は必要か」「地球環境はどこまで守れるか」などなどの問題が挙げられている。

「日本の論点」編集部は「よりよき日本社会のあり方を考えるために、あるいは小論文の執筆、ディベートの〝強化書〟として、役立てていただければ幸いである」ともいっている。そうなのだ。大学受験や知的虚栄心や商売でもなければ、一般の人間がこのような「論点」を考えなければならない、なんの動機もありはしないのである。

専門家にとっても、こんな問題のすべてを自分の頭で考えるなんて不可能である。たしかにこのような本で浅く広く問題の全般を知ることはできる。だが、それは論者の書き方によって知るということだ。自分の頭で考えるためには、その問題の全局面を自分で調べなければならない。もう不可能。無理、無理。

天皇制をどう考えるか、なんて問題、どうにかなるものか。太平洋戦争は是だったか非だったか。膨大な本を読んで勉強しなければならない。知識の土台が必要なのである。だが、それでも、この本を読めば、なるほどなと思い、あの本を読めば、そうかそうもいえるか、と思う。アマチュアのみならず、政治家や学者やジャーナリストだってどうにもなるものではない。結局、数冊の本を読んで、おのが考えとするほかはないのである。数冊読むだけでも偉いものである。

それでなくても、自分の生活で忙しいというのに。学業。進路。就職。人間関係。なぜオレはモテないのか。結婚。子育て。持ち家か賃貸か。昇進。転職。将来。家族。老後の生活。こちらにも考えることがいやというほどある。しかもこっちのほうが本筋であり、よほど切実である。で、こっちのほうですらどうしていいのかわからない。自分の頭で考えろといわれても、限界がある。限界どころか不可能。それゆえ――

わからないことはわからないといおう。

当たり前のことである。わからないのはわからないということなのだから、わからないというしかない。気持ちはわかるが、つまらぬ見栄など張ってもなんの意味もない。もしわかりたいと思うなら、勉強すればよい。しかし勉強したからといって、わかるようになるものと、依然としてわからないものがある。考えてみても、本を読んでみても、それでもわからないことは九割九分。

格言22　「日本の論点」はわたしの論点ではない。

アマチュアはなにをどう考えるのか

では、わたしたちはなにをどう考えればいいのか。

(1) 考える問題は自分がかかわること

なにかを考えるときに、漠然と考えることはできない。かならず考える対象(問題)がある。「さあて、なにについてということもないが、考えるかなあ」ということはありえない。

また、自分から遠い問題を考える義務も必然性もない。従軍慰安婦に日本国(帝国陸軍)が関与したかどうか、南京事件の実態はどうだったのかなど、素人にわかるわけがないのである。子どもを持っていない人間には、「いじめ」の問題なんか切実になりえない。

わたしたちが考えるときは、考えることを強いられるときである。直接自分にかかわる問題か、半径三〇メートルくらいの範囲の具体的な問題に手首か足首か襟首かを否応なくつかまれるときだ。そんなときにはいやでも自分の頭で考えるしかない。そんなときに、自分の問題だけが「どうすればいい？」にまでいくのである。そこにいたってなお「ねえ、どうしたらいい？」「みんなはどうするの？」というのはさすがにダメである。親も夫も妻も恋人も友人も、あなたの人生に責任をとってくれるひとはいない。

たいていの場合、それは二者択一の問題として浮上する。行くか帰るか、右か左か、欲するかあきらめるか、Aをとるか Bをとるか、爆発するか我慢するか。もしもどちらかを簡単に選択できるのであれば、思考は不要である。二者択一ではなく、選択肢が三つも四つもある場合でもおなじである。一〇〇パーセント間違いなくこれだ、といいきれるのなら、そもそも人生に悩みなど存在しない。

他人の問題なら、うじうじするなとか、客観的に考えたらこれしかないだろうとか、下手な考え休むに似たりとか、男らしくないやつだなはっきりしろとか、気楽にいえる。しかし、こと自分の問題となるとそうはいかない。切実さがちがうのだ。なにしろ、選択の結果が自分にすべて降りかかってくるのである。

最終的に大事なのは、論理ではない。気持ちである。ふふ。最後はなんでも単純なのだ。この選択の結果はすべて背負うという覚悟である。もう、これしかない。楽な道と困難な道があれば、困難な道である。

（2）思考の原則は単純に

それが自分の問題であるかぎり、あるいは自分の問題として考えるかぎり、考えて終わりということはありえない。そのときにかならず「じゃあ、オレはどうすればいいのか？」となる。考えるときには考える軸がある。その軸から「自分」を抜く。かわりに、公平、美、正義、を置く。自由を置く。すなわち、人間はどうあるべきなのか、を置くのである。自分は卑怯な振る舞いはしない、を置く。

すなわち、もっとも大切なことはどのような人生観、価値観を持つか、である。なんのため、だれのために考え、行動するのか。「世のため人のため」という、家具職人の秋山氏の言葉を思い出してもらいたい。そういうひとが世の中にはいるのである。

養老孟司《たけし》氏がこのようにいっている。「問題は『自分が正しいか』どうかではない。『なにが本当に正しいのか』です。それを追求するのが学問です」（『運のつき』新潮文庫）。氏がいうのは、「なにが本当に正しいのか」を考えるためには、「自分」を外さなければならない、ということである。ちなみにいっておくと、多分に我田引水的ではあるが、この本は見事なアマチュア論の書である。感動的ですらある。

（3）なにが本質的かを考える

自分にかかわる逼迫した問題でなくても、単純に「自分はどう思うか？」という問題にひっかかることがある。そのときには、なにが本質的か、それはなんのためにあるか、を考えればよい。

池田清彦氏の次の言葉は正しい。

交通ルールは何のためにあるのか。もちろん事故を減らして、死んだりケガをしたりする人を減らすためだ。しかし、国家というシステムはひとたび法律が制定されると、何のために法律があるのかを忘れて、法律を守らせること自体を人々に強制する装置になってしまう。

（中略）

ところで、自動車の影すら見えないのに赤信号の前でじっと待っている人がいる。交通ルール原理教の鑑《かがみ》である。私はこういう人を見ると、国家にたましいを抜かれちゃったんじゃないかと思い、気の毒になってくる。車がこなければ、信号などあってもなくても同じなのだから、信号を無視するのは当たり前なのだ。イヌだってネコだってそうしている。動物的機能という点ではイヌ・ネコよりアホである。

（『他人と深く関わらずに生きるには』新潮文庫）

自分の頭で考えることには限界があるが、せめてこの程度のことは「自分の頭」で考えて判断・行動すべきである。池田氏がいうように「交通ルールは何のためにあるのか」を考えさえすれば、もう当たり前すぎるほど当たり前のことである。

だが、これすらわからないひとがいるのは驚異である。頭に刷り込まれ、体に染みついているのである。国家が「法律を守らせること自体を人々に強制する装置」となるのと同時に、国民もまたただ闇雲に法律を遵守《じゅんしゅ》する奴隷になってしまうのである。この奴隷は年寄りばかりでなく、若者にもいる。ただしわたしは、いたいけな子どもがじっと赤信号で待っているようなときは、一緒に待つことがある。

選挙は単純に「政党」で選べばよい。日本の政治が政党政治だからである。候補者の考えなど二の次である（ちなみに、選挙のときのあのポスター掲示板は税金のムダである。廃止するがよい）。国家と個人が対立する場合は個人の側に立てばよい。本を読んでおもしろくなければ、つまらないといえばよい。映画も音楽もそうである。たとえ世界が評価しても動じることはない。

自分の頭で考えるとは、自分の感覚を信じることでもある。アマチュアはだれをも恐れることはない。純粋に、だれのためか、なんのためか、だけを考えるだけでいい。

格言23　世間の言葉に従って安心を手に入れるよりも、自分で考えて間違うほうがいい。

「自分という立場」を超える

どんな人間にも立場がある。どんな職業に就いていて、どんな仕事をしているか。大企業か中小零細か。それとも無職か。官か民か。役職か平社員か、男か女か、大人か子どもか老人か、既婚か未婚か、子どもはいるのかいないのか、親か子どもか、有名か無名か、金持ちか貧乏か。加害者か被害者か。それによって立場がちがってくる。立場が変われば考えもちがってくる。考えのちがいは、畢竟《ひっきょう》するに立場のちがいである。

属性もある。どの時代に生まれ育つかによってちがう。どの国、どの地方、どの家に生まれ育ったか、ひとりっ子か兄弟があったか、家庭環境はどうだったのか、大卒か高卒か、どんな経験をしたのか、どんな趣味嗜好を持っているのか。背は高いのか低いのか、顔は人並みかそれ以下か、これらの属性によっても考えはちがってくる。

このような立場や属性から免れている人間を、わたしは想像することができない。立場によって確保しようとするのは利益である。組織の利益であり、個人の利益である。利益とは地位や名声や金の確保のことである。なぜそれらが大切かといえば、「自分」という存在を確保したいからである。ようするに、すべての立場は最終的に「自分という立場」に収斂《しゅうれん》するのである。これが思考や行動に影響を及ぼさないはずがないのだ。

昨日までは、こんな会社辞めてやると息まいていた者が課長になると、今日は、まあまあそう早まるなと部下を慰留している。子どもには、世の中はそんなに甘くないぞと諭しておきながら、自分の脱サラや転職には、オレは大丈夫と自信満々。病気の友人には「がんばれ」といえても、自分が病気になるとがんばれない。ひとはその都度、いろいろな立場に立つから言動に矛盾が生じるのだ。ようするに立場も属性も結局は「自分事」と「他人事《ひとごと》」のちがいなのである。

どんな人間であれ、わたしたちは多かれ少なかれ、なんらかの立場に規定されている。これらの立場を超えることは可能か。免れる方法がたったひとつだけある。「人間という立場」に立つことである。もしもそれができるならいうことはない。けれど、それが可能なのはたぶん思考のなかにおいてだけである。行動に移されたとき、欲望渦巻く「自分」がその思考を食い破ってでてくる。それを抑えつけることができるひとはまれである。そのような人間がいたら、わたしは心の底から尊敬する。

立場を超える次善の方法は、「自分という立場」からできるかぎりその「自分」を抜くことである。「佐賀のがばいばあちゃん」のいう「卵かけご飯の卵抜き」である。目の前の事実を直視して、そのなかに「自分」を勘定に入れないこと。そんな仏様のようなことができるのか。できるに決まっている。「自分」を抜くことが「自分」を生きることになるからである。逆のことを考えてみればいい。自分だけが楽しいゲームなど楽しいわけがないではないか。自分だけ幸せ、なんて、そんなものは幸せでもなんでもない。

「自分」に固執するな。他人や理念を優先せよ。多くの経営者がいうのも、そのことである（以下の引用は『プロの仕事術』『The21』編集部編、ＰＨＰ研究所から）。

「和民」の社長渡邉美樹氏はひとを採用するとき、「～すぎる人」は採用しないといっている。

消極的すぎるひともそうだが、「あいさつの元気がよすぎる」「人当たりがよすぎる」「愛想がよすぎる」ひとも採らない。そういう人間は無理をしているから長つづきしない。「有名大学出身で、クラブでも部長、みるからにリーダーシップがありそう」。こんな人間も長つづきしない。「何事も他人のせいにする人」「三回以上転職を繰り返している人」も採用しない。

「サマンサタバサ」の寺田和正氏は、「嘘をつかない人」は絶対外せない条件だという。このひとは徹底的である。「会社に十億円の利益をもたらす嘘つき」よりも「一億円の損失を与える正直者」を選ぶ、なんてことをいうのだ。「正直者のほうが将来、絶対に伸びる」と。

「SBIホールディングス」の北尾吉孝氏もまた、採用するときに見るところは「誠実さ」だといっている。「そういう人が集まっている会社でなければ、成長なんてできやしません」。

「～すぎるひと」でない人間を中庸のひと、と考えるなら、「中庸」「正直者」「誠実」、これらは「自分という立場」を超えるものである。プロやド素人たちからバカにされる性質である。人間性だの、くだらんプライドだのは捨てちまえ、と部下を怒鳴りまくる営業のプロもいるくらいである。無思考のくずプロである。

「福助」社長（当時）の藤巻幸夫氏は「仕事をするうえで若いころから僕が気をつけてきたのは、だれのために仕事をするのかという点です。上司のため会社のための仕事では、やっぱりいい仕事はできない。仕事はお客様のためであり、社会のためであり、もっといえば神のためにするべきもの。僕はそう思ってきました。この点を間違えると、会社も社員もおかしくなってしまう」。

立場というのは「自分という立場」であり、「自分という立場」とは結局「快感原則」のことである。ざっくりいえば「金」である。社会的地位があり、知名度があり、権力を持っている人間、あらゆる現場のプロたちが、「自分という立場」を優先するとき、すべて「金」に転んでいるのだ。その金によってかれらはなにを手に入れようとしたのか。「自分」という存在の証明であり、それへの他人からの承認である。そしてその果てにあるのが、「ざまあみろ、オレって大した人物だぜ」という自分による自分への承認である。いっておくが、大したことねえよ。

それを避けるためには藤巻氏のいうように、仕事の価値を自分以外のものに置くほかはない。「仕事はお客様のためであり、社会のためであり、もっといえば神のためにするべきもの」というように、である。「神のため」というのはいささか一般的ではないが、少なくともそのような精神だけが「自分という立場」を超えることができる。誤解のないように付言しておくが、このことは滅私奉公を意味しているのではない。

余計なものに対しては「セレクティブ・ヴィジョン」

しかし、もう疲れる。世間とつきあうにもほどというものがある。

山田ズーニー氏の『おとなの小論文教室。』のなかで紹介されているのだが、二十代をニューヨークで過ごしたというひとがこのようなことを書いている。ああ、やっぱり、と思わずヒザを叩いた。

そこで私は自分を守るために「セレクティブ・ヴィジョン」を身につけました。

簡単に言ってしまえば、「見たいモノだけ見る」ということ。自分の視界に入ってくるモノを無意識のうちに都合のいいものだけをセレクトする機能。

そうでもしなければ、自分がパンクしてしまいそうなくらい色々なものが一緒くたに起こっていて、すべてをきちんと理解しようとか対処しようとかしていたら何のために自分がそこにいるのか判らなくなってしまいそうなくらい消耗してしまう……。

自分がこの町の餌食になってしまうような不安感。まさにサヴァイヴァル。

（『おとなの小論文教室。』河出書房新社）

わたしはアメリカに行ったことはないが、ロンドンやパリで、彼の地のひとびともまたこのような「セレクティブ・ヴィジョン」の姿勢を身につけていることを実感したことがある。街中のちょっとした異変や奇態な行動をする人間に遭遇しても、一瞥《いちべつ》を飛ばすだけで、なにも存在していないかのように通りすぎていくひとびとを見た。この「セレクティブ・ヴィジョン」という言葉を知って、なるほどそういうことか、と合点がいったのである。

たぶん東京もまたそうである。もしくは、現在の日本といってもよいか。現に、わたしがそうなりつつある。すこし前までは、ピアスをした男や髪を染めた男を見ると、「なに考えてんだ、こいつは」と即座に反応していた。意識にとめるとかならずなんらかの感情が生起するのである。しかし、もうそれを意識的にやめることにした。自分に関係のない不愉快事に対しては、それが存在しないかのごとく、自分の意識から締め出し排除する。

たしかに、義を見てせざるは勇なきなり、である。他人の困難や不正を見て見ぬふりもよくない。図々しいジジイやババアはどうでもいいが、ふつうのお年寄りには親切に。そんなことはわかっている。問題はそんなことではなく、日常風景のなかに露出している醜い自我の群れのことである。

俳優の石倉三郎が「家を一歩でたらもう腹が立ってしかたがない」といっていたが、ほんとうにそうである。いちいち反応していたのでは、もう身が持たない。いや、身は持つが、不愉快きわまりない。コンビニの前でたむろしている若者たちを見ても、その行動の意味などもう考えない。世界や日本の諸問題・諸事件が毎日報じられる。テレビでは、あなたはみじめだねえ、世間ではほら、こーんなに楽しいことがいっぱいだよ、あなたそんなのでいいの？　損してるよ、とうるさくてしょうがない。対応しきれたものではないのである。反応する必要もないのだ。ときには「セレクティブ・ヴィジョン」が必要である。ムーディ勝山のように、右から左へ受け流すのだ。もう、知ったこっちゃない。

7

アマチュアは人間のゼネラリストである

『プロに訊け！』といわれて訊いたプロはいない

『プロ論。』という本は現在、三巻まで発売されている。合計二五〇人の「プロ」の経験談や助言が紹介されている。『プロの仕事術』（PHP研究所）には二〇人。また『プロに訊け！』（丸善）には二六人。なかには重複しているひともいるが、さまざまな分野の「プロ」たちの言葉が集められていて、当然参考にはなる。

けれどその参考のなり方にしても、これから自らの可能性を押し開けようとしている若者と、可能性の結果をほとんど見てしまった定年前後の中年とでは、当然ちがいがあるにちがいない。いや、中年にはもはやなんの参考にもならないか。ただしこれから人生に見参しようとする若者たちが忘れてはならないことは、こんな本を読んで「プロ」になった「プロ」はただのひとりもいないということである。「プロ」に訊《き》いて「プロ」になった人間もいない。みんな自分でがんばったのである。

これらの本を参考にしたり、本を読むことはムダ、といっているのではない。昔も今も、志を立てたひとたちは、先達《せんだつ》の本を貪《むさぼ》り読んだであろう。カーネギーの『人を動かす』に感動したひとがいるだろう。松下幸之助や本田宗一郎や井深大《まさる》の本をくりかえし読んだひともいるはずである。北尾吉孝氏は今でも「週に十冊」は本を読むという。中国の古典が精神のバックボーンになっているともいっている。

けれど、かれらは字面を読んだのではない。楽でうまい話はないかと本に依存したり、そこで開陳された技術的な手練手管《てれんてくだ》の機械的な習得に淫《いん》したはずがない。みんな、人間と仕事を身をもって学んだのだ。自分を見つめ、他人を見つめ、地道に仕事に邁進《まいしん》したはずである。結局そうした経験を積み重ねることによって、だれもが自分で自分の流儀を作りだしてきたのである。他人はどうやっているかとつねによそ見ばかりしていて、自分がやるんだという気概のない者はだめである。

人間を学んでいない「プロ」にももちろん社会的な存在価値はある。「人間の素人」が作った天才的な仕事もあるだろう。くりかえすが、プロは仕事だけで評価されるべきだというのはそのとおりである。作品は作品として評価されなければならない。

けれどわたしは、罪を憎んでひとを憎まず、という高尚なことができない性分である（とはいえ、俗物にしか見えない北方謙三の『三国志』や『水滸伝』は見事の一言につきる、ということがあるから困る）。わたしにとっては、ろくでもない人間がなした天才的な仕事など形容矛盾以外のなにものでもない。すばらしきプロフェッショナルは、人間としても見事なアマチュアであるはずなのだ。

もうひとつ、忘れてはいけないことがある。すばらしい「プロ」は活字や映像のなかだけにいるのではない、ということである。マスコミで話題に上る「プロ」たちは、マスコミに登場したから「プロ」になったのではない。世に知られる前から「プロ」だったのである。つまり、世界のどこにでも、わたしやあなたの周りにも、無名の見事な「プロ」たちは今でも存在しているのである。いうまでもなく、そのような存在のほうが圧倒的多数である。だから中島みゆきは、かれらを名前のない「地上の星」と呼んだのである。

プロもアマもないのか――日本人という下部構造

すこし古い話になる。金子達仁《たつひと》氏は、サッカーWCドイツ大会で、あっけなく予選リーグで敗退した日本チームについて、このようにいっている。ドイツにはサッカーの重要な要素として「ツヴァイ・カンプ」（二人の戦い）がある。つまり、一対一の戦いである。だが――

日本代表の選手たちが信じられないほど「ツヴァイ・カンプ」をさけ続けた根底には、ドリブルをしかけて失敗する恐怖があったのではないか。そしてその恐怖は、文法上のミスを気にするがあまり外国語を口にしようとしない日本人のメンタリティーと同種のものではないか。

（『週刊文春』二〇〇六・7・6号）

たしかに、試合を観ていてイライラした視聴者がたくさんいたはずである。そんなとこでパスなんかするんじゃない、おまえが自分で持って行け、おまえが自分で撃て、と。ところが肝心なところで、日本代表の選手たちは小心翼々としたパスをだしあったのだ。「責任」と書かれたボールをとても持ちきれないというように。ディフェンダーたちは無難な横パスばかり。それをあっさりとカットされてはたびたびピンチを招いた。日本の選手たちは口では、「一対一」で負けないようにする、という。だが、いざとなるとそれができない。できていたのは、少なくともやろうとしていたのはただひとり、中田英寿だけである。

日本サッカーの問題点はいろいろあろうが、「最大の問題は、監督ではなく選手に、いや、日本人のメンタリティにある」と金子氏は言い切っている。おなじことを、かつて日本ラグビーの監督を務めた平尾誠二氏も指摘したことがある。日本ラグビーの弱さは「日本の社会」

の問題である、と。アルゼンチンの監督パサレラも以前、「日本の選手は我々を尊敬しすぎているようだった」といった。金子氏はこのようにいっている。

一対一から逃げ続ける日本人が、舌なめずりして相手に挑みかかるようになるには、どうしたらいいのか。考えなければならないのは、まずこの点である。

減点主義の教育が原因なのか。ドリブルでの突破をエゴイズムととらえがちな指導法に問題があるのか。それとも、心の奥底に巣くった欧米コンプレックスに原因があるのか。

（同前）

中田英寿は死に物狂いだった。マスコミは、チームに溶け込もうとした中田の変貌を、おなじく孤高の姿勢からチームに同化しようとしたWBCでのイチローに似せて、語った。だが結局、中田はイチローにはなれなかった。金子氏は「川口にしか、中田の思いは伝わらなかった」と書いた。「中田英寿はイチローになろうとしたが、周囲に中田英寿をイチローにしようとする意識がなかったのである。練習終了後、黙々とシュート練習を続ける中田の姿をみて、チーム全員が同じことをやるようになった――ということもなかった」（『週刊文春』

二〇〇六・6・29号)。

もちろん、その辺りのほんとうの事情はわからない。中田にも問題があったのかもしれない。だが、ひとはがんばる人間を見て、「オレもがんばらねば」と思わない者が圧倒的である。それどころか、「ああ、それならオレが楽になるわ」とばかりに、その人間に「なら、これもやってよ、あれもできるかなあ」とおいかぶさり、それができないとなると「だめじゃないか、ただの口だけだ」とお門《かど》ちがいの責任を問う者もでてくるのだ。なかには、「よくやるねえ」と冷笑する者もいる。

こうなると、もうプロとかアマの問題ではない。それ以前の、日本人全体の問題である。でる杭は打ち、個人を集団で疎外し、なにをやるにも横並びで、責任は避けたがり、互いに依存しあう「日本人のメンタリティ」が問題だといわざるをえない。中田英寿はかつて「オレは一人でも強いからね」といった。こんな日本人が出現したか、とわたしは心の底から感心した(北島康介もたぶんそうである)。ところが日本人は、ひとりであることがとことん弱いのであった。

当前、中田英寿以外の選手たちも全員プロ選手であった。しかし、日本人という下部構造の上に乗っかっているプロもアマも駄目である。「だれもやらないなら、オレがやる」とい

いか。

「みんなやっても、オレはやらない」という覚悟が必要ではないか。「みんながやっても、オレはやらない」という覚悟が必要ではないか。

「みんなどう思う?」と、「みんな」の目の色を窺《うかが》い、「みんな」の意向を聞いて回るプロなど存在しうるはずがない。プロもアマも若いうちから精神としての「アマチュア」であることを舐《な》めてきたつけが回っているのだ。口先だけで「責任を負う」などといってもはじまらない。プロである前に、ひとりで強い人間、を意志しなければならない。

プロフェッショナルであることの価値の上に、〈素の自分〉という価値が乗っているのである。「だれもやらないなら、オレがやる」の「オレ」は〈素の自分〉のことではない。大げさに聞こえるかもしれないが、ある理念に殉じる自分である。

〈素の自分〉とは、そこに安住しないまでも、最後の最後で「日本人のメンタリティ」に逃げ込む自分である。ひとりをみんなでいじめる自分である。そうでなければ、ひとりでのぼせあがってみんなを見下す自分である。プロ選手のほとんどが口を開けばバカのひとつ覚えのように「応援よろしくお願いします」という。自分の言葉を持たないスポーツ選手は世界のなかで日本人だけであろう。言葉までもが横並び。なにをやっても無難。そんな姿勢で世界と闘えるはずがないのである。

手抜きプレーや手抜き仕事、プロにあるまじき初歩的なミス、無責任で怠惰で怯懦《きょうだ》な姿勢の不甲斐ないプロを見ると、わたしたちは「それでもプロか」という。プロ意識の欠如、プロ根性が欠落していると批判する。当然、そんな「プロ」は弾劾されていい。けれども、わたしたちはそういいながら、他方では、ある理念に殉じようとする人間を「青臭い」とか「もっと大人になれ」「馬鹿正直」と嘲笑するのである。

プロフェッショナリズムの底にアマチュアリズムを埋め込む

ニューヨーク・ヤンキースにデレク・ジーターという主力選手がいる。主将である。松井秀喜と歳はおなじだが、同僚であり先輩である。かつてプロ野球を目指したことがある伊集院静氏は、そのジーターについてこのようなことを書いている。伊集院氏の仕事場の棚には、そのジーターのアンダーシャツを着た仔熊の人形が置いてある。

この人形を見る度に、私はヤンキースタジアムで見た、デレク・ジーターの、あの一塁キャンバスまで全力疾走するダイナミックな走りと、唇を噛んで必死に走り抜けるあの表情を思い浮かべる。

どんな平凡なゴロでも、〝ヤンキースの宝〟と呼ばれる、このスターは全力で走る。だからイージーな内野ゴロのほとんどが、間一髪の判定になる。

（『野球で学んだこと　ヒデキ君に教わったこと』講談社文庫）

ライトフライを捕球されたときには、ジーターはもう二塁の手前まで走っている。観客がおどろきの声をあげる。「おい、今のランニング見たかよ。もう二塁まで行ってたよ」。

私はジーターのランニングを見て、正直、驚いた。メジャー・リーグを代表するスター選手（年俸二十二億六千八百万円）が、平凡な内野ゴロであれ、外野フライであれ、歯を食いしばり、キャンバスの上の野手を倒さんばかりに走っていく。

――そうか、ここが違うのか……。

何と違うか？　日本のプロ野球と違っている。甲子園の野球でさえ、私はこれまで名門高校のスター選手が平凡なゴロやフライを打って、だらだらとランニングするのを何度も見た。それを見て、

「また野球をなめた新人がプロに行くのか……」

とうんざりした。想像通り、その新人は人気チームに入り、ルーキーの間は少し走る振りをし、プロの水に馴染むと、てれてれと走り出す。それが金を払って野球観戦に来たファンに見せるプレーか、と見る度に腹が立っていた……。

——野球で走ること、ベースランニングとはこんなに魅力があるのか。

私はジーターのプレーに感激した。（同書）

「静かな男」といわれるヤンキースのジョー・トーレ監督に、「男の中の男」と称賛されてやまない松井秀喜もまた、一つひとつのプレーに対して、ジーターとおなじ精神をもって臨む選手であることはいうまでもない。

その精神は、はたしてプロ意識（プロ根性）なのか。もちろん、プロ意識（プロ根性）といってかまわない。しかしそれは、愚直なまでの「アマチュア精神」によって培われ、支えられている、とわたしは考える。プロフェッショナリズムの底に埋め込まれたアマチュアリズムである。

伊集院氏は、トーレ監督は三十四歳も歳下の松井秀喜に惹かれ、信頼しているにちがいない、と書いている。トーレは松井のなにに惹かれているのか。松井の「人間性」であり、「野球に対する姿勢」にである。その「姿勢」とは「ベースボールこそが己に与えられた最良の仕事と信じ、生活のすべてを懸けるということだ」。何度もいうが、プロに欠けているのはプロ根性ではない。アマチュア精神である。損得ではない。自分の快楽でもない。合理性でもない。そのもの、そのことに、つねにひとりで純粋に対応しようとする精神である。

ジーターも松井もトーレ監督も、ある理念に殉じている。そのとき「自分」とは、その理念に捧げられる存在でしかない。理念とはたとえば、人間とはこうあるべきだ、仕事とはこうあるべきだ、生きるとはこうあるべきだ、フェアとはこうあるべきだ、そしてそれに殉じる自分はこうあるべきだ、という信念のことである。「殉じる」や「信念」という言葉が重すぎるなら、「自分」以外のなにかを、「自分」以上の価値として尊重する自分に、自分で「自分」を作りあげた者、といってもいい。

十中八九、アウトになることがわかっているのに全力疾走するなんてムダではないか、と考えるのは損得ずくの合理的なおりこうさんである。わたしもまたムダと思える全力疾走などとてもできる人間ではないが、そういうことができる人間は見たいのである。自分にはできないからこそ、そういう人間を嘲わない。

「わたしらプロですよ」とか「プロ中のプロ」を自称する人間は、なれたとして、せいぜいエキスパートかスペシャリストである。仕事はできるが家ではDV男、会社ではセクハラ男だが家庭では良きパパ、頭はきれるが鼻もちならない傲慢、公正を装いながらいうことなすことすべてが暑苦しい自慢、こんな「プロ」は掃いて捨てるほどいるのである。掃いて捨てられて当然なのに、顔だけはでかいのである。

アマチュアリズムはけっしてプロフェッショナリズムとは矛盾しない。対立もしない。それどころか、本書冒頭で述べたように、ほんとうのプロフェッショナルはかならずその根底に見事なアマチュア精神を持っている。そこがほんとうのプロと、「わたしらプロですよ」のくずプロと決定的にちがうところである。プロフェッショナルがこっちでは高尚だが、あっちでは卑劣ということはありえない。手柄は自分のもの、失敗は部下のもの、など絶対にありえない。金儲けが一番、なんて考えるわけがない。どんな場面にあっても、かれは「人間」としてのゼネラリストだからである。

であるからには、人間はだれでも「人間」としてのゼネラリストになれる。アマチュア精神を根底に持てばいいのだ。世にでる必要など毫《ごう》もない。衆目を浴びるような大仕事をしなければならないということもない。その場その時の持ち場で懸命に生きるなら、かれは見事なアマチュアである。だれに対しても基本的に誠実たらんとする者は、それだけで立派なアマチュアである。

「プロ」とはあくまでも、専門領域でのスペシャリスト（エキスパート）である。アマチュアとは、「人間」という総合領域でのゼネラリストである。全生活時間において、全生涯において、世界のどこでも基本的に通用するゼネラリストである。

格言24　組織はひとりのプロフェッショナルではなく、十人のアマチュアで動く。

「生協の白石さん」はなぜ人気になったのか

二〇〇六年『生協の白石さん』という本が話題となった。東京農工大の学生さんたちが、生協の白石さんにありとあらゆるリクエストをだし、白石さんがそれにウイットとユーモアをもって答えるというものであった。

なぜ人気になったのか。学生たちにとって、白石さんのアマチュアリズムが現代では新鮮で爽やかだったから、というのがわたしの考えである。しかも、どんな質問に対してもかならず答える、というのがいかにもゼネラリストであった。つまりすべてのことにおいて懸命、だれに対しても誠実なのである。

「あなたを下さい。白石さん」というリクエストカードには、こんな回答。「私の家族にもこの話をしてみたのですが、『まだ譲る事はできない』との事でした。言葉の端々に一抹の不安は感じさせるものの、まずは売られずにほっと胸をなで下ろした次第です。という事で諸事情ご理解の上、どうぞご容赦下さい」。このような回答を見て、学生さんたちはまた「白石さん好きっす」「光栄っす」と感激するのである。

『アエラ』が「生協の白石さんの論理力」という特集記事を組んだ。そのなかで経営コンサルタントの船川淳志氏は、白石さん人気をこのように分析した（二〇〇六・1・2―9号）。「現代のビジネススキル」としては「論理的に物事を組み立てる『思考力』だけ磨いても不十分」。「コミュニケーション能力やリーダーシップといった『対人力』を併せ持ってはじめて、二つのスキルは生かせる」。この二つを兼ね備えた存在が白石さんである。「特に感心するのが、限られた字面から相手の意図やニーズを的確に読みとる力だ」。白石さんは「どんな質問でもいったんは受け止めて、しかし、ただ、できれば、と切り返している。単に論理的なだけじゃなく、受け止め方に共感があるから相手は納得しやすい」。

この「受け止め方」とは、おそらく誠実な態度のことである。学生たちは口では誠実をバカにしながらも、ほんとうは誠実に飢えているのではないか、愛はひとを裏切るといいながら、愛情に飢えているのとおなじである。

では、その白石さん自身は、自分のブームについてどういっているか。

「あまり心構えやルールについて意識をしてはいないのですが、お店に関する意見要望の投稿につきましては、可能な限り実現したいスタンスでお調べし回答させていただいております。(略)反面、お店には無関係そうな投稿に関しては、当方も肩の力を抜いて返答しております。おそらくお相手の学生さんも、そこで力の入った回答を求めてはいらっしゃらないだろう、とは勝手ながらの推測なのですが」(『生協の白石さん』講談社)

その白石昌則さん(今年三十七歳?)。かれの書く字体は女性の字のように繊細である。下の名を見なければ女性かと見まがう。だからなんだというのではないが、端正である。それに「白石」という名前もよかったというべきかもしれない。「白石さん」と呼んで、画数も少なく、さわやかである。五所川原重蔵さんではちょっと暑苦しいかもしれない(五所川原さん、いましたらすみません)。

「あとがき」に代わる「最後に」のなかの文章がいい。白石さんのアマチュアぶりが遺憾なく発揮されている。「母、崎子。ほぼ女手一つで育て上げていただきました。実名が出てしまいすみません。妻。その生き様が、エンターテインメント。生きた教材です。貴方が妻で幸せです」。「地元の友人たち。話題になり始めの頃の不安を解消してくれたのは、他ならぬおまえらです。これからも仲良くしてください」（同書）。

もともとこういうひとなのである。自分の仕事に誠実で、ひとに対する愛情に満ちている。ようするに、人間の基本はやはりアマチュアではないか、ということである。プロであれ素人であれ、まっとうに生きようとするには、まずより良きアマチュアたれ、ということである。相変わらず人間は馬鹿者のままで、ひとが感心するような考えだけは持ちたい、人気者になりたい、なんて虫のいいことを考えること自体が図々しいのである。

ところで、ここにも「プロ」が登場している。同書に「白石さんという魔法」という「まえがき」にあたる文章を書いている岡田有花というひとである。肩書きは「アイティメディア記者」とある。彼女はそのなかで「もし、自分が白石さんだったらどう答えるだろう」と自問し、「私はプロのモノカキなので、プライドにかけて一生懸命考えるのですが、考えても考えても、白石さんの回答には、かなわないんです」と書いている。

わたしの感覚では、この「モノカキ」という言葉がもう、身も世もないほどに恥ずかしい。「プロ」とは職業にしている、それでメシを食ってる、といった程度の意味なのだろうが、職業的書き手たちはよくそういう呼称（モノカキ）を使うのである。もちろん勝手に「プロ」を自称し、そこに勝手に自分の「プライド」をかけたところで、鬼面ひとをおどろかすような考えが浮かぶ保証がないのは当然のことである。

岡田さんは、「プロ」である自分でさえかなわないと自分を卑下することで、白石さんを持ち上げているつもりである。それはよい。けれど「モノカキ」という一見ぞんざいで、ぶっきらぼうで、自己諧謔《かいぎゃく》的で、自己卑下しているかのように見せながら、そのじつ鼻持ちならないその特権意識がわたしはきらいである。「かなわない」と書きながら、岡田さんは余裕なのである。「プロ」の「モノカキ」という言葉、二重に恥ずかしいのだ。

アマチュアはどの世界でも通用する

アマチュア精神などというと、そんな柔《やわ》なことで「プロ」になれるか、といわれるだろう。「プロの厳しさはそんな甘いものではない」と。もちろん、わたしもバカではない（と思う）。そんなことはわかっている。いわれるまでもなく、プロは実力と結果の世界である。求められるのは人間性ではなく、実力である。だれもが認める抜群の実力さえあれば、どの世界でも高く評価される。莫大な報酬を得ることもできる。

だが、アマチュアも職業人として世界で立派に通用する。アマチュアが仕事ができないと思ったら大間違いである。見くびってはいけない。のみならず、アマチュアは人間としてもまた、どんな世界でも当然通用するのである。プロには引退がある。浮沈もあれば盛衰もある。しかし人間に引退はない。プロを辞めても、人間をやめるわけにはいかない。プロとしての実力はあっても、感情的で傲慢不遜でエゴイストで、といった人間のド素人に、アマチュアが負けるわけはないのである。

ただし、そのための条件がある。アマチュア精神の基本である。

（1）自分を価値の頂点に置かない

自分以外のもの（理念でも他人でも）を、自分という価値の上に意味として置くこと。そんな自分を信じること。自分以外のものも信じること。

山川健次郎は自分の上に日本のため、会津のため、を置いた。その日本の上に公正であることと高尚な人格を置いた。三浦知良《かずよし》は自分の頭上にサッカーの神を戴いた。河井寛次郎《かんじろう》は人間国宝の上に一陶工を置いた。その上に「誠実」を戴いた。山野井泰史氏は山を自分の上に置いた。そのことが自分を生きることになる。無名のひとびともまたおなじである。金と自分の世俗的な欲望を価値の一番上に置いた者は、だれひとりいない。

格言25　自分を生きるには自分から離れなければならない。

（2）誠実であること

仕事は誠実にやること。こんな給料でやってられるか、といい加減な仕事をすることは許されない。だれに対しても誠実に対応すること。たとえばウエイトレスを「女給」扱いするやつは最低である。言葉遣いは丁寧であること。

（3）嘘をつかない

正確には、自分を守るために嘘はつかない。他人を守るためならついてもいい。松井秀喜は父親との約束で、中学二年以来ひとの悪口はいったことがないという。山野井氏もまたそうである。たぶん、かれらは嘘もつかない。嘘をつかないことが信頼を得ることである。

（4）ひとりでやる

「みんな」に依存しない。「みんな」を言い訳に使わない。世間の言葉に乗らない。自分の意思を明確にする。基本的に一人称で語り、ひとりで行動すること。ただし、ひとりで立って、オレは他人とはちがうとのぼせあがらないこと。

（5）否定から入らない

相談をされたら否定から入らない。できない、無理といわない。当然、絶対に無理なことは絶対に無理だが、そうでなければかならず可能性を考える。つまり、やる前にできないといわない。できないのは、ただ自分の経験値が低いだけかもしれないのだ。ひとから話しかけられたら、かならず返事をする。えらぶって無言で対応しない。

永六輔氏は胃ガンの奥さんを在宅看護のままで見送った。医療スタッフを頼み、二人の娘が看護にあたった。それでも、「人を増やさないとわれわれが倒れる」と思い、ヘルパーをひとり入れようと主治医に相談した。そのときの医師の言葉がいい。

それで、「先生、やっぱり家族が看取るというのは限界が……」と言いかけたら、先生に怒られちゃって。「ありません。限界なんて！　家族でいけます！」って。僕は看護婦さんに怒鳴られ、先生に怒鳴られ……。（笑い）（『妻の大往生』中央公論新社）

もしわたしが永氏の立場だったなら、早々に音《ね》を上げたにちがいない。だがそれでも、「限界」なんてない、という言葉が好きである。これは思考というより、むしろ意志である。自分でそのように行動できないくせに、そんな意志が好きだということはなんの意味もないが、それでも好きである。

もちろん、人間にはさまざまな限界がある。個人の力にも限界はある。だが、軽々しく「限界」を口にすることは、自分を甘やかすことでもある。ただの逃げ口上である。

（6）どういう人生観、価値観を持つか

ひとの間に生きている。資本主義の世の中に生きている。どう生きようと自由である。欲望を持つことは自然である。ひとと比較し競争することも必然である。それでも、どんな生き方を自分はよしとするか。どんなことを人生の価値と見なすか。

一回きりの人生だ、思いっきり楽しく生きなければ損ではないか。なんで今さら青臭いアマチュア精神などといっているのか。誠実だとか嘘をつくなとかきれいごとばっかりいいやがって、ばかばかしい、と思うか思わないかは、アマチュア精神の有無による。無理に悪党ぶるのはよしたほうがいい。

仕事をするのも、目を吊り上げて業績だ増収だと会社の拡大を目指すのも、金儲けのために決まっているじゃないか、なにが社会貢献だ、なにが自分以外の理念だ、と思うか思わないかもまた、アマチュア精神の有無である。

「ユニクロ」の柳井社長は二〇〇七年の入社式の祝辞で、自分が好きな言葉は「増収増益」

だと新入社員の前で語った。経営者の言葉としては当然の言葉であるかもしれない。が、寒々としている。かれは「挑戦しない人生（人間だったか？）はつまらない」ともいった。だがかれのいう「挑戦」とは金儲けのことである。世界の衣料品メーカーのなかで、売上ランキング五位以内に入ることである。

けっこうなことだ。だが新入社員諸君、あなたはやはり自分自身の人生観と価値観を持ったほうがよい。それに、会社という存在を神格化しないこと。永遠に右肩上がりの「増収増益」など絶対にありえないのだから。仕事に血眼にならないこと。「コンプライアンス」ということがこれほどいわれるということは、仕事の「プロ」たちがいかにアマチュア精神を失っているかの証左なのである。

格言26　問答無用。本気のきれいごとで生きる。

アマチュアであることの「名誉」

カズオ・イシグロの『日の名残り』（ハヤカワepi文庫）のなかに、このような場面がある。時は一九二三年、イギリスの貴族の館で開かれる非公式の国際会議。

アメリカ人の上院議員が演説をぶつ。自分以外はみな欧州からの参加者ばかりというなかで、ただひとりのアメリカ人という立場に気負い立っている。かれは参加者たちに、唐突にプロ・アマチュア論議を吹っ掛けるのである。

「たとえば、われわれを招待してくださったこのお屋敷のご主人。彼はいったい何者でありましょうか？　たしかに紳士だ。それに異議を唱える人は、ここには誰もおりますまい。古典的な英国紳士だ。上品で、正直で、善意に満ちている。だが、しょせんはアマチュアにすぎない」（同書）

そう。プロにとってもアマにとっても、「アマチュア」は「しょせん」なのだ。

「卿はアマチュアだ。そして、今日の国際問題は、もはやアマチュア紳士の手に負えるものではなくなっている。私としては、ヨーロッパが早くそのことに気づいてほしいと願っているのですよ。（略）皆さん。大問題を手際よく処理してくれるプロこそが必要なのです。それに早く気づかなければ、皆さんの将来は悲観的だ。そこで乾杯しましょう、皆さん。プロに！　乾杯！」（同書）

宴会場全体が静まりかえる。アマチュア紳士といわれたダーリントン卿が立ち上がる。静かに反対の論陣を張る。

「これは皆様とともに過ごす最後の夜です」と、卿は言われました。「最後の夜は楽しい、誇らしい一時であるべきですから、私には、いま論争を始める気などさらさらありません。しかし、ミスター・ルーイス、アメリカ代表としてあなたのご意見は、尊重されねばなりません。その辺の街頭演説家の発言と同列に扱い、単に無視してしまったのでは失礼にあたりましょう。これだけを言わせてください、ミスター・ルーイス。あなたが〝アマチュアリズム〟と軽蔑的に呼ばれたものを、ここにいるわれわれの大半はいまだに〝名誉〟と呼んで、尊んでおります」

これには会場全体から同意の声が上がり、なかには「謹聴！」と呼ばわる声も聞こえ、拍手される方もありました。

「さらに、ミスター・ルーイス、私にはあなたが〝プロ〟という言葉で何を意味しておられるのか、だいたいの見当はついております。それは、虚偽や権謀術数で自分の言い分を押し通す人のことではありませんか？　世界に善や正義が行き渡るのを見たいという高尚な望みより、自分の貪欲や利権から物事の優先順位を決める人のことではありませんか？もし、それがあなたの言われる〝プロ〟なら、私はここではっきり、プロはいらない、とお断り申し上げましょう」

（同書。土屋政雄訳）

アメリカは「プロ」を任じて驕慢《きょうまん》となり、ヨーロッパは「アマチュア」を任じて自らの矜持《きょうじ》となす。このプロ・アマ論争に決着がつくわけではないが、アマチュアを「名誉」ととらえる観点は興味深い。なぜそれが「名誉」なのかの積極的理由は述べられていないが、ここでの含意はもちろん「世界に善や正義が行き渡るのを見たいという高尚な望み」を持つひと、の意味であろう。

名誉、とは大げさかもしれない。しかし、一流のアスリートたちがよく、初心を忘れないこととか、初心に戻ること、という。初心とはなにか。対象に魅入られ、ただ純粋に上手になりたいと思っていたころのひたむきな想いであろう。それをすること自体が楽しかったのである。初心とはアマチュア精神のことではないか。

欲にも得にも目をくれず（すこしいいすぎではあるが）、純粋に対象物に全力を傾注するのは本来、「アマチュア」の本分である。「プロ」が目指されるべき最高の目標とされ、その意味が過剰に評価されはじめてから、アマチュアの意味が置き忘れられてきた。アマチュアにはなんの報酬もないからである。アマチュアはいまや、ただのプロ予備軍でしかない。

いたずらに「プロ」などという言葉に浮かれず、ふつうのまっとうな暮らしを一番と考える。それがアマチュアである。それが世界のどこにでも、またいつの時代にも生きている人間の、信頼と誠実をもっとも大事な意味とする人間の、暮らしの原型である。それがアマチュアの「名誉」である。

だれもが一流のプロフェッショナルになれるわけではない。けれど、嘆くことはない。なれるものなら、もちろんなっていいが、そんなことよりは、普遍性としての、より良きアマチュアを目指せばよいのである。一流のプロには拍手を送り、素直に讃《たた》えればよい。しかしわたしの考えでは、より良きアマチュアは一流のプロに比べていささかの遜色もない。比べることもないし、敵対することもないのだが、下手なプロなら軽く凌駕《りょうが》するのである。

今東光《こんとうこう》は、人生とは「冥土までの暇つぶし」といった（『プレイボーイの人生相談１９６６―２００６』集英社）。相変わらず食えない坊主で好きだが、「暇つぶし」はけっこうしんどいものである。一方でそのように力を抜きながら、他方ではやはり性根を据えることが必要だ。もしも、より良きアマチュア精神を心の軸に据えることができるなら、「人間としてのアマチュア」などという生煮えの言葉は破棄して一向にかまわない。もちろん、「プロ」という手垢にまみれた言葉も道連れである。

おわりに

この原稿の最後の追い込みに入ったころ、『日経Ｋｉｄｓ＋』という雑誌が「当たり前のことができる子に！　心の教育」という特集を組んでいるのを見つけた。表紙には「友達を大事にする、弱い者を助ける、ルールを守る、我慢ができる、自分で考え行動できる……」とある。はて、どこかで聞いたことのある文章ではないか。そう、「プロ」であり「リーダー」の条件とされるものである。それがここではなんと、ふふ、「当たり前のことができる子」である。

ふだんは大口を叩きながら、いざとなると言い訳ばかりしている「プロ」、ほぼ毎週テレビで頭を下げて謝罪ばかりしている企業幹部、杜撰《ずさん》のかぎりを尽くした社会保険庁などなどは、みんな「当たり前のことができない子」だったんだね。

その特集の本文のリードはこうである。「ルールをきちんと守れる、思いやりをもって人と接することができる、人のためになることを進んでできる、自分に誇りを持って好きなことを見付けられる。子どもにとって学力以上に必要なのは心の力。温かな人間関係をつくることができ、自分が参加している社会を良くしていこうとする力だ」（『日経Ｋｉｄｓ＋』二〇〇七・七月号。編集部員諸君、君たちはできているのか）。

右の「子どもにとって学力以上に必要なのは」の個所に、「大人にとって会社以上に必要なのは」や「プロにとってお金以上に必要なのは」を入れてみれば、もっとはっきりする。ようするに「プロ」の条件とされるものは、「子ども」のころから身につけるべき「当たり前のこと」だったのである。この、人間にとって「当たり前」のことが「アマチュア精神」であることはもはやいうまでもない。

外務省が「国際漫画賞」を創設した。マンガ好きの麻生大臣のアイデアを「具体化」したということである。「ポップカルチャーの文化外交への活用の一環」ともっともらしいことをいっているが、もう恥ずかしくてしょうがない。もちろん「マンガ」が、ではない。ふだんは民間なんか見下しているくせに、いざとなると自分たちの無策を棚に上げて、使えるものはなんでも使おうとする役人の、そのやどかり根性が恥ずかしいのである。

金はあるが発想もやることもまるでガキ、という気がして情けない。国際漫画賞は「マンガのノーベル賞」を目指すんだって。いったい国がやることかね。デンマークでは日本大使館主催で「コスプレ大会」までやったのである。これが日本外交の「プロ」たちなのだ。言葉は悪いが、っていつも悪いのだけど、民間のふんどしで相撲を取っているだけではないか。だったら日本国主催で「世界カラオケ大会」もやってくれ。「カラオケのグラミー賞」で、どうだ。

こんな「プロ」はいらない。いつの時代でも、どんな世界でも、求められるのは「当たり前のことができる子」である。「当たり前のこと」ってなんだ、とむつかしいことは訊かないでいただきたい。基本的なことはすでに右の雑誌特集にでているが、たしかに「当たり前とはなにか」を問えば、むつかしいのだ。ただタメにする議論や、ただくさしたいだけの疑問を排除するなら、最低限、このようにいうことができる。自分の快と楽のために、「当たり前」を利用しようとするのは悪しきことである。男が女よりエライなど、「当たり前」でもなんでもない。

わたしがいいたい「当たり前」は単純である。朝、ひとに会ったなら「おはよう」というようなことである。迷惑をかけたら「ごめんなさい」と謝り、親切にされたら「ありがとう」と感謝するようなことである。なにかを習得しようとするなら、試練に耐えることである。溺れているひとがいたら、「金をくれるか?」といわないことである。ひとを傷つけないことである。そんなwin-win（相互の、少なくとも他人のためになる）の「当たり前のこと」が身体に染みついているひとが「人間としてのアマチュア」である。

二〇〇七（平成十九）年五月

勢古浩爾

アマチュア論。格言26

格言 1　自称プロにろくなプロなし。安易な他称のプロにもろくなプロはなし。

格言 2　プロがいるのではない。売れたものがプロである。

格言 3　仕事はプロでも人間としてのド素人は、社会的には有意味であっても、
あなたやわたしにとっては無意味である。

格言 4　見事なプロフェッショナルはかならず見事なアマチュア精神を持っている。

格言 5　お題目ばかり立派で実体の不明な「プロ」を目指すより、
人間としてのより良き「アマチュア」を目指すほうがいい。

格言 6　「論理的思考」という言葉に過剰な期待をしないこと。
それに、考えただけで終わりなんてことは仕事でも人生でもありえない。

格言 7　自分の利害を捨て切れない者（最小化できない者）に、論理的思考はできない。

格言 8　一流のプロフェッショナルはかならず見事なアマチュア精神を持っている。

格言 9　下手なプロは人を動かそうとする。アマチュアは自分で動く。

格言10　人間的に負けることが真の敗北である。

格言11　「プロ」に偽物の「プロ」はゴマンといる。だが、アマチュアに偽物はいない。
アマチュアは本物ばかりである。

格言12　プロは人から評価されてはじめてプロである。

格言13　テレビも雑誌もあなたと同程度の、しかも赤の他人が作っている。
信用するなら自分の責任で。

格言14　ホンモノの思考などない。自らの生き方をかけた覚悟の思考があるだけである。

格言15　目前のことに反射的に対応する前に、一拍おいて目前の意味を考えること。

格言16　より良きアマチュアになることができるなら、一個の人間としては申し分ない。

格言17　「人格」「誠実」「正直」という言葉をせせら嗤う人間は下品である。

格言18　自分の価値観を持つということは、自分だけの「意味」を持つことである。

格言19　ひとは金には感動しない。人間にしか感動しない。

格言20　「仕事ではないか」と自分に言い聞かせるとき、ひとは成長する。
「仕事だろうが！」と他人を恫喝するとき、その人間は堕落している。

格言21　オープンにすること、嘘をつかないことが信頼への道。

格言22　「日本の論点」はわたしの論点ではない。

格言23　世間の言葉に従って安心を手に入れるよりも、自分で考えて間違うほうがいい。

格言24　組織はひとりのプロフェッショナルではなく、十人のアマチュアで動く。

格言25　自分を生きるには自分から離れなければならない。

格言26　問答無用。本気のきれいごとで生きる。

勢古浩爾（せこ・こうじ）

1947年大分県生まれ。明治大学政治経済学部卒業。洋書輸入会社に勤務したが2006年に退職、執筆活動に専念。「ふつうの人」の立場から「自分」が生きていくことの意味を問いつづけ、『まれに見るバカ』（洋泉社・新書y）で一躍話題となる。
おもな著書に『私を認めよ！』『白洲次郎的』（以上、洋泉社・新書y）『こういう男になりたい』『思想なんかいらない生活』（以上、ちくま新書）、『結論で読む人生論』（草思社）、『目にあまる英語バカ』（三五館）、『「自分の力」を信じる思想』『おやじ論』『ああ、自己嫌悪』『自分に酔う人、酔わない人』（以上、PHP新書）など多数。

アマチュア論。

二〇〇七年八月一七日　初版第一刷発行

著　者　勢古浩爾
発行者　三島邦弘
発行所　株式会社ミシマ社
郵便番号一五二-〇〇三五
東京都目黒区自由が丘一-一四-一〇
quaranta1966 #403
電話　〇三(三七二四)五六一六
FAX　〇三(三七二四)五六一八
e-mail hatena@mishimasha.com
URL http://www.mishimasha.com/
振替　〇〇一六〇-一-三七二九七六
印刷・製本　(株)シナノ
組版　(有)エヴリ・シンク

ISBN978-4-903908-02-1 C0095